Georg Gronau

Leibl

Salzwasser

Georg Gronau

Leibl

1. Auflage | ISBN: 978-3-84608-429-8

Erscheinungsort: Paderborn, Deutschland

Erscheinungsjahr: 2015

Salzwasser Verlag GmbH, Paderborn.

Nachdruck des Originals von 1901.

Georg Gronau

Leibl

Salzwasser

Liebhaber-Ausgaben

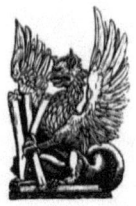

Künstler-Monographien

In Verbindung mit Andern herausgegeben

von

H. Knackfuß

L

Leibl

Leibl

Von

Georg Gronau

Mit 71 Abbildungen nach Gemälden, Zeichnungen und Radierungen.

Vorwort.

Die nachfolgenden Betrachtungen sind in der gleichen Woche zu Ende geführt, die dem Künstler, dessen Werken sie gewidmet sind, zur Todeswoche wurde. Sie waren geschrieben worden im Hinblick darauf, daß der Künstler selbst sie lesen würde, in der Hoffnung, daß er sie billigen und gutheißen möchte. Aus der Widmung an den Lebenden ist nun ein „in memoriam" geworden.

An der Fassung oder Auffassung zu ändern, ergab sich nicht der mindeste Anlaß. Neues Material über Leibls Leben, als das, welches zu Gebote stand, wird voraussichtlich auch jetzt nicht viel zu Tage treten und das Wissen über sein Leben wohl so fragmentarisch bleiben, als es gegenwärtig ist. Mit der Schwierigkeit, selbst über die wichtigsten Begebenheiten dieses Künstlerlebens, die Entstehung der Hauptwerke Leibls Sicheres zu erfahren, war immer wieder zu kämpfen. Dadurch finden gelegentliche Unbestimmtheiten und Lücken ihre Erklärung.

Selbst das Wenige wäre nicht zu erreichen gewesen ohne die dauernde Unterstützung zweier Männer: des Malers Johann Sperl in Aibling, der mit Leibl während seiner ganzen Künstlerlaufbahn befreundet gewesen ist, und des Kommerzienrates Ernst Seeger in Berlin, der im letzten Jahrzehnt ihm nahe gestanden hat. Diesen Beiden sei für ihre unermüdliche Förderung an dieser Stelle mein aufrichtiger Dank dargebracht.

Berlin, im Dezember 1900.

G. Gr.

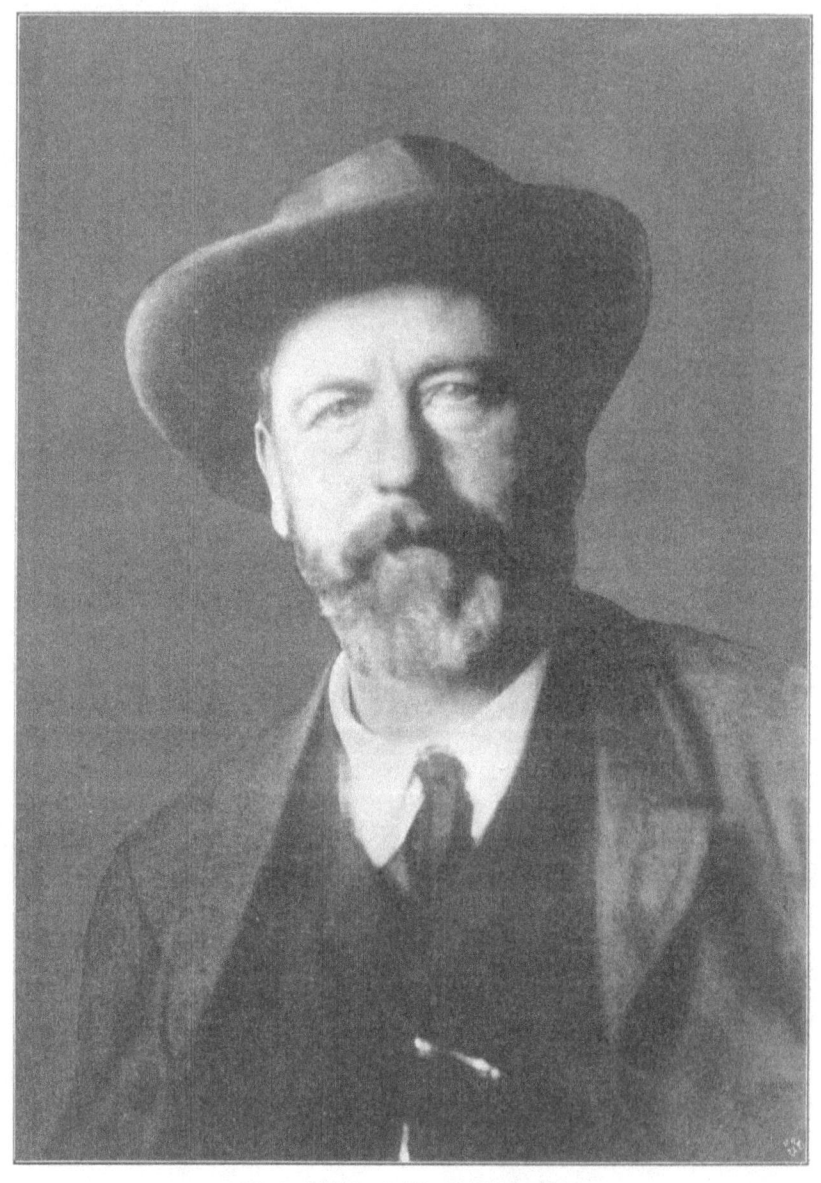

Abb. 1. Wilhelm Leibl. (Nach Photographie.)

Wilhelm Leibl.

Wilhelm Leibl ist ein Kölner Kind. Am 23. Oktober 1844 wurde er als Sohn des Domkapellmeisters der Stadt in der Sternengasse geboren.*) Sein Vater Karl Leibl war damals schon in höheren Jahren; er hatte die Sechzig bereits überschritten. Auf einem seiner frühesten Bilder hat der Sohn die väterlichen Züge festgehalten (Abb. 2); es war die vornehme Erscheinung eines tüchtigen Mannes, so wie sie in der Generation, die in den letzten Jahren des achtzehnten Jahrhunderts herangewachsen und unter den Stürmen des neuen Jahrhunderts gereift war, nicht selten zu finden ist. Der feingebildete Mund wird von einer klar geschnittenen Nase überragt; mit offenem Blick schauen die Augen, die schräge die oberen Augenlider etwas verdecken — ein Zug, den der Sohn vom Vater ererbt hat. Auch von der Mutter hat die kunstreiche Hand Leibls das Bildnis bewahrt: in einer Radierung vom Jahre 1874 und in der mit größter Subtilität durchgeführten Federzeichnung, die 1879 in Oberzell bei Würzburg entstand (Abb. 3). Die straffe Haltung, die strenge Gewöhnung verrät, ist sicher ebenso charakteristisch, wie der etwas strenge Zug um den Mund. Die schöne Handstudie, die zu dem Bildnis gehört, wurde, da das Blatt nicht ausreichte, auf ein besonderes Stück Papier gezeichnet (Abb. 4).

Mit sechs Geschwistern, unter denen nur eine Schwester sich befand, wuchs Wilhelm Leibl im väterlichen Hause heran. Große physische Stärke war ihm, wie allen Kindern, eigen. Die kraftvolle Art seines Geschlechts war, wie so oft bei besonders gesunden Knaben, ihm ein Hemmnis in der Schule, die ihn beengte. Er soll kein Musterschüler gewesen sein. Dergleichen liest man öfter in der Biographie hervorragender Menschen.

Die Begabung für den künstlerischen Beruf zeigte sich schon auf der Schule: im Zeichnen war der Knabe allen Mitschülern überlegen.*) Trotzdem war zunächst von einem praktisch-technischen Beruf die Rede: Leibl sollte Feinmechaniker werden. Als Vorbereitung hierzu trat er bei einem Schlosser in die Lehre; daraus ist dann die Legende entstanden, er habe in seiner Jugend Schlosser werden wollen. Unter welchen Umständen sich der Wechsel vollzog und die Laufbahn des Malers betreten wurde, darüber fehlt es an Nachrichten. Mit neunzehn Jahren, 1863, kam der Jüngling nach München auf die Akademie, nachdem er zuvor einige Jahre hindurch unter dem Düsseldorfer Hermann Becker gezeichnet hatte.

Der Kampf zwischen der klassizistischen und der naturalistischen Kunstrichtung, der das Jahrzehnt zuvor hier so heftig getobt hatte, war nunmehr zu Gunsten der letzteren entschieden. Diese hatte, man darf

*) In der Kölnischen Zeitung vom 27. Oktober 1844 liest man unter der Rubrik: „Civilstand der Stadt Köln. 23. Oktober 1844": „Geburten: Wilh. Maria Hub., S. v. Karl Leibl, Dom-Capellmeister, Sterneng."

*) Über die Knabenjahre Leibls und seine erste künstlerische Lehrzeit hat die Sonntagsbeilage der Kölnischen Zeitung vom 16. Dezember 1900 wertvolle Mitteilungen gebracht.

sagen, auf der ganzen Linie gesiegt. Wohl stand Wilhelm von Kaulbach an der Spitze der Münchener Akademie, aber die Schüler drängten sich zu den Sälen der Führer der jungen, der koloristischen Richtung. Eine große Zahl derjenigen Künstler, die

kannte. Die gewaltige Arbeitskraft des Mannes mußte auf jüngere Menschen anspornend wirken, wie sein Grundsatz, möglichst alles nach der Natur und mit der gleichen Sorgfalt zu malen, so gewiß hierin der Grund vielfachen Mißlingens, gerade auch der eigenen

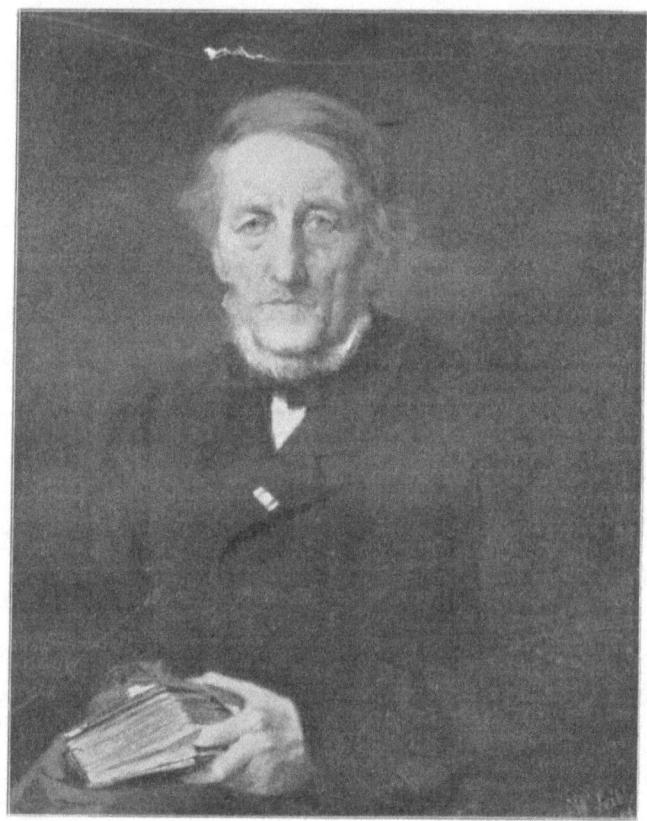

Abb. 2. Bildnis von Leibls Vater. 1866. (Köln, Museum.)

berufen waren, der deutschen Malerei im letzten Drittel des Jahrhunderts die entscheidende Färbung zu geben, hat in jener Zeit ihre Ausbildung bei Piloty oder Ramberg erhalten.

Bei diesen beiden hat auch Leibl gearbeitet. Piloty stand damals auf dem Höhepunkt seines Ruhmes und seines Schaffens. Die Begeisterung für ihn war noch zu stark, als daß man die Schwächen seiner Kunst er-

Gemälde Pilotys, zu finden ist, überaus heilsam war. Daher der große Erfolg seiner Schule, in der neben vielen anderen Lenbach, Gabriel Max, Defregger sich bildeten. „Sein Einfluß und sein Verdienst als Lehrer sind unverhältnismäßig größer als der Wert seiner eigenen Werke", urteilte Friedrich Pecht später über Piloty.

Zu den heroischen Stoffen dieses Künstlers stand die das leichtere Genre des Gesellschaftsstückes bevorzugende Kunst Rambergs in dem gleichen Gegensatz, wie zu dem verschlossenen, düsteren Charakter des Mannes, in dessen Adern italienisches Blut rakteristische der Erscheinungen schnell zu erfassen und eine geschulte Hand mit großer Sicherheit, stets aber das Anmutige liebenswürdig hervorhebend, die Eindrücke fest-

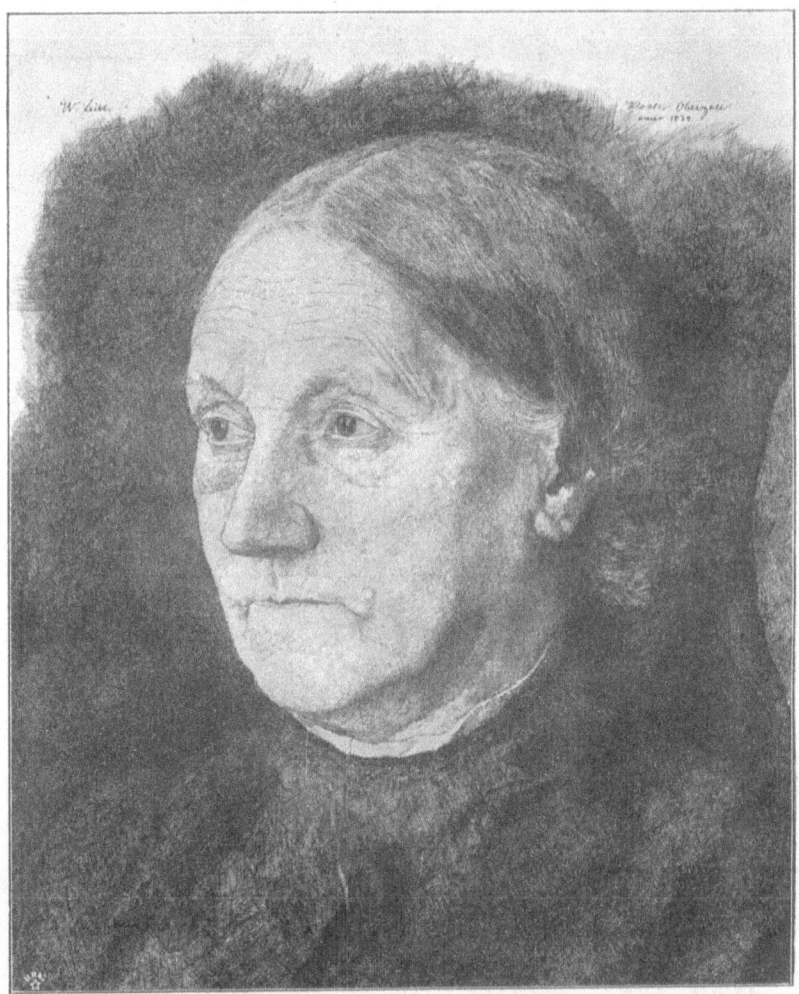

Abb. 3. Leibls Mutter. Federzeichnung. 1879. (Würzburg. Besitzer: Frau Katharina Kirchdorffer.)

floß, die heitere Liebenswürdigkeit des Wieners, dessen „echte Künstlernatur ewig mit dem Baron im Streite lag". Arthur Georg von Ramberg war offenbar von Natur sehr begabt: ein scharfer Blick wußte das Charakteristische zuhalten. In seinen Darstellungen bevorzugte er die Scenen aus dem Leben der höheren Stände und verwandte darauf die größte Sorgfalt, indem er zugleich sichtlich bestrebt war, es den Werken der holländischen Sittenmaler gleich zu thun. In der Münchener Neuen Pinakothek hängt ein Bild von ihm ("Nach Tisch"), das unschwer den Den größten Ruhm haben Ramberg dann seine geschmackvollen Illustrationen zu "Hermann und Dorothea", zur "Luise" von Voß

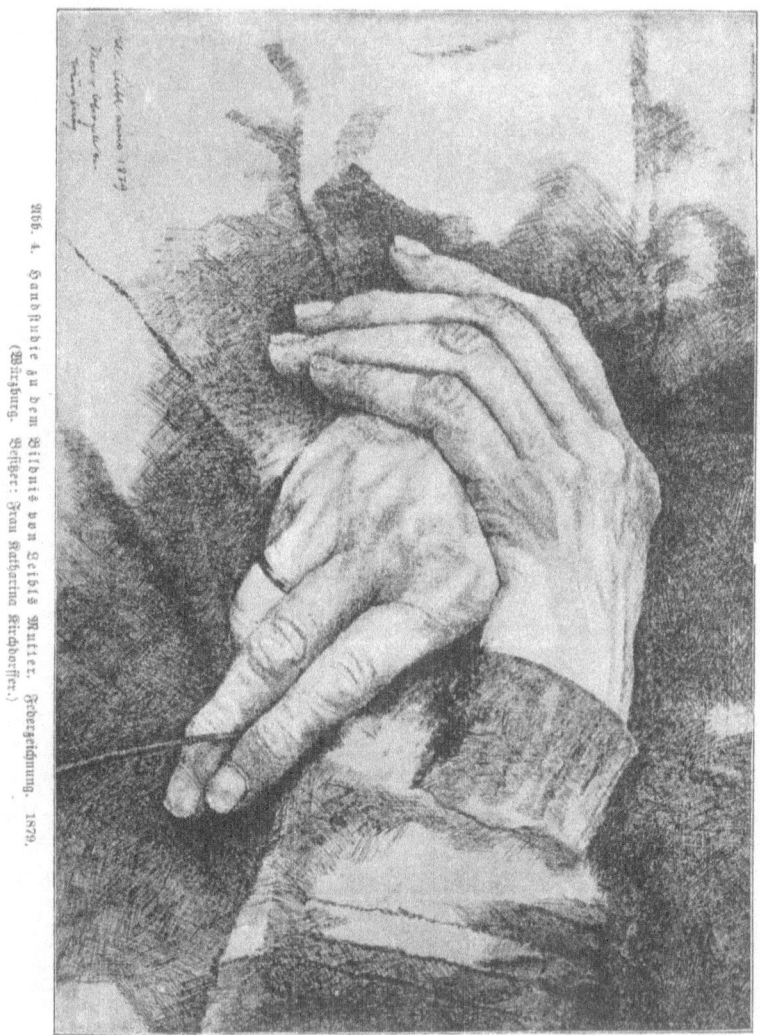

Abb. 4. Handstudie zu dem Bildnis von Leibls Mutter. Federzeichnung. 1879. (Würzburg. Besitzer: Frau Katharina Kirchdorffer.)

Einfluß Terborchs auf den Künstler zu erkennen gibt. Eine gewisse Süßigkeit tritt gelegentlich stärker hervor, als gegenwärtig zusagt, so in dem s. Z. viel bewunderten Bild "Begegnung auf dem See". eingetragen, die noch heute viel verbreitet sind. Beachtenswert im Hinblick auf Leibl ist, daß auch Ramberg Bauernbilder gemalt hat: in der Pinakothek kann man die "Morgenandacht einer Sennerin" von ihm sehen.

Aus Leibls Lehrzeit ist nur eine Thatsache bekannt geworden. Weihnachten 1865 gewann er einen Preis von 25 Gulden für eine Aufgabe, wie sie alljährlich um diese Zeit gestellt zu werden pflegte. Das Thema hatte gelautet: „Graf Eberhard langt von der Jagd bei einem Wolkenbruch zu Pferd auf dem Marktplatz in Stuttgart an, wo

weisen, daß keiner seiner Lehrer entscheidenden Einfluß auf ihn gewonnen hatte. Anderswo wäre es das Gleiche gewesen. Seine Natur widerstrebte der auch nur zeitweisen Unterordnung unter fremde Art. Was er in München lernte, was er speziell den beiden Genannten verdankte, waren vielleicht technische Fingerzeige, und der ständige Hin

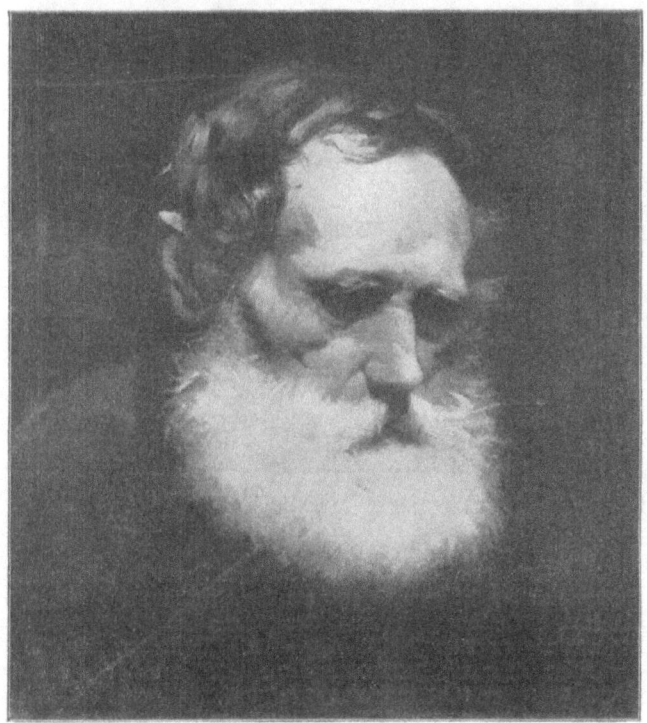

Abb. 5. Studienkopf. (Berlin. Besitzer: Rittergutsbesitzer Israel.)

die Schuljugend sich vor dem Wasser auf den Rand des Marktbrunnens geflüchtet hat, und rettet diese, indem er so viel wie möglich aufs Pferd nimmt.“ Das Thema ließ an Länge nichts zu wünschen übrig und war für junge Akademiker sicher vorzüglich geeignet. Es wäre aber nicht ohne Interesse zu wissen, wie Leibl, der wohl nie wieder etwas ähnliches angerührt hat, sich damit abfand.

Seine ersten selbständigen Arbeiten be

weis auf die Natur. Dorthin strebte er aber, mußte er gelangen durch die eigene Begabung. Auf der Akademie hat er gemalt, wie seine Ateliergenossen alle. Eine Reihe von großen Köpfen aus dieser Zeit ist auf uns gekommen, die eigentlich geringe Eigenart zeigen, aber mit großem Fleiß gemalt sind (Abb. 5). Es sind die typischen Modellstudien, wie sie wohl jeder begabte Akademiker einmal zu stande gebracht hat. Gelegentlich überrascht eine eigentüm

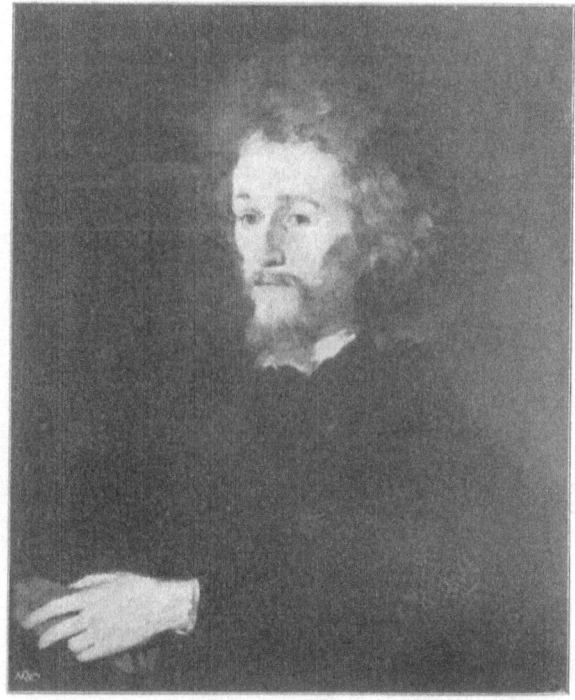

Abb. 6. Bildnis des Bildhauers Schreibmüller.
(Venedig, Moderne Galerie.)

liche koloriftifche Note oder ift eine be-
fondere Schwierigkeit der Verkürzung glücklich überwunden.

Zu diefen Verfuchen bilden zahlreiche
Porträts, vollendete Bilder, wie Studien, die
in den Jahren 1866 und 1867 entstanden
(Abb. 6—9), einen höchst merkwürdigen
Gegenfatz. Dort noch Taften, Suchen nach
eigenem Ausdruck, Unvollkommenheiten aller
Art; hier ein ganz ausgeprägter Charakter,
eine erstaunliche Sicherheit der Hand und
klare Beobachtung des Wesentlichen. Mit
einem Schlage erscheint der Künstler fertig.
Bei dem Bildnis des Vaters von 1866
möchte man das Rätfel zu löfen verfuchen
durch die nahen perfönlichen Beziehungen:
wie taktvoll aber ift hier, mit größter Be-
wußtheit, die Hand verwertet, um die Fläche
des Rocks zu beleben. Jedes diefer Bildniffe
bereitet eine Überrafchung und zugleich hohen
künftlerifchen Genuß. Die Anordnung der

Gestalt im Raum ift nicht minder glücklich
als die Verteilung des Lichtes, Studium
der Formen und des Charakters gleich be-
deutfam. Einzelheiten, etwa wie das Haar
angewachfen ift und wie es fich um den
Kopf legt, find auch bei fcheinbar ganz
fkizzenhafter Behandlung mit hohem Ver-
ftändnis nicht nur für natürliche Formen
überhaupt, fondern für die in diefem einen
Fall zu beobachtende Erscheinung festgehalten.
Unter zahlreichen Bildern diefer Zeit, die
offenbar, da das Bewußtfein des eigenen
Könnens fiegreich fich regte, von Arbeit ganz
ausgefüllt war, ift das Porträt des Malers
Hirth du Frênes (von 1867) eines der
feffelndften: bis zu den Schultern, wie auch
die Mehrzahl der anderen Bildniffe; der
Kopf bis zur größten Vollendung gearbeitet,
das Nebenfächliche als folches behandelt:
mit feitlich geftellten Augen forschend heraus-
gewendet, während die leicht zufammen-

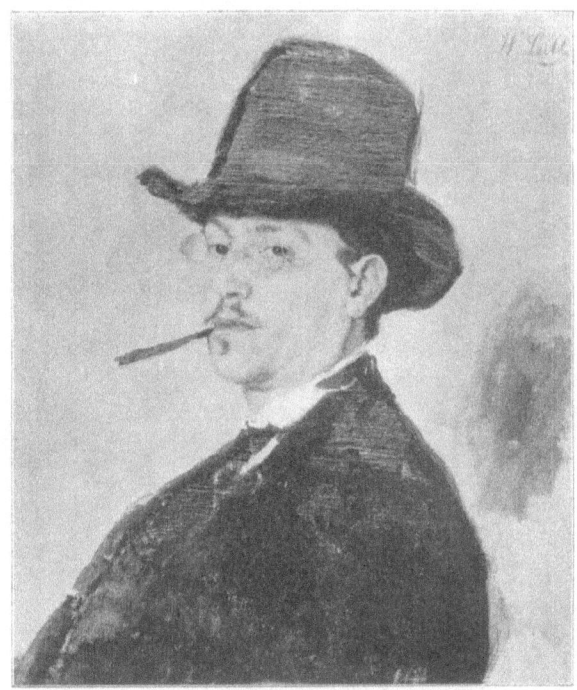

Abb. 7. Bildnis des Malers Schuh. (Privatbesitz.)

gezogenen Brauen den gleichsam festgehaltenen Augenblick andeuten. Auch seinen Freund, den Landschaftsmaler Johann Sperl, hat Leibl damals des öfteren gemalt: als Brustbild in voller Vorderansicht, mit strahlenden blauen Augen (Privatbesitz, Berlin), und wiederholt hat er ihn in ganzer Figur wiedergegeben, da er ihn als „Sancho Pansa" malen wollte: am Tisch sitzend, mit schwerer Kanne in der Hand, leicht und momentan bewegt (Abb. 8), ein andermal im Lehnstuhl dick und behäbig (Halbfigur), mit der Thonpfeife in der Rechten und dem Krug in der Linken, zugleich Sanguiniker und Epikuräer (Budapest, Landesgalerie). Ausgeführt wurde das Bild dann nicht.

Das Studium der Porträts von van Dyck, dessen Gemälde in der Pinakothek Leibl mit der höchsten Bewunderung ansah, macht sich in einigen dieser Arbeiten bemerkbar.

Inmitten der reichen Thätigkeit, die er als Porträtmaler damals entfaltete, entstand die erste zwischen dem eigentlichen Bildnis und dem Genrestück die Mitte haltende Komposition (Abb. 9). Eine Atelierscene wird dargestellt mit dem sichtlichen Streben, einem zufälligen Ereignis die künstlerisch fruchtbare Seite abzugewinnen. Die Porträts zweier Akademiegenossen, der Maler Hirth du Frênes und Haider, sind zu einer Gruppe verbunden; die malerische Unordnung eines Ateliers gibt die reizvolle Umgebung ab, wo alles scheinbar zufällig wirkt, doch aber dem schon sehr stark entwickelten künstlerischen Geschmack sich zu fügen hat. Farbig ist hier nichts, aber auch linear-räumlich schwer etwas zu entbehren. Den Gestalten ist jenes gesteigerte Leben verliehen, das junge Künstlerexistenzen weit hinaushebt über die Thätigkeit jedweden anderen Berufes. Beide durchleben diesen Augenblick der Betrachtung einer gerade aus der Studienmappe hervorgesuchten Arbeit mit allen Nerven: der eine, der „Kritiker" — so wurde das Bild für

die Ausstellungen getauft —, noch im Hut
und Mantel, kann seine Bewunderung nicht
verbergen; der Schöpfer des Blattes aber
selbst prüft das ihm Vertraute so, als sei
es losgelöst von seiner Existenz und ihm
fremd geworden. Was in den Einzel-
bildnissen Leibls aus dieser Zeit so sehr
überrascht, die Fähigkeit, sich in fremde Art

Durch dieses Gemälde, das in verschiedenen Städten ausgestellt wurde — so
im Februar 1869 in Düsseldorf — hat
Leibls Name zuerst Beachtung gefunden.
Was er bis dahin zu den Münchener Kunst-
vereinsausstellungen beigesteuert hatte, fand
zwar eine gewisse Anerkennung, doch mischten
sich öfter tadelnde Beiworte in das Lob.

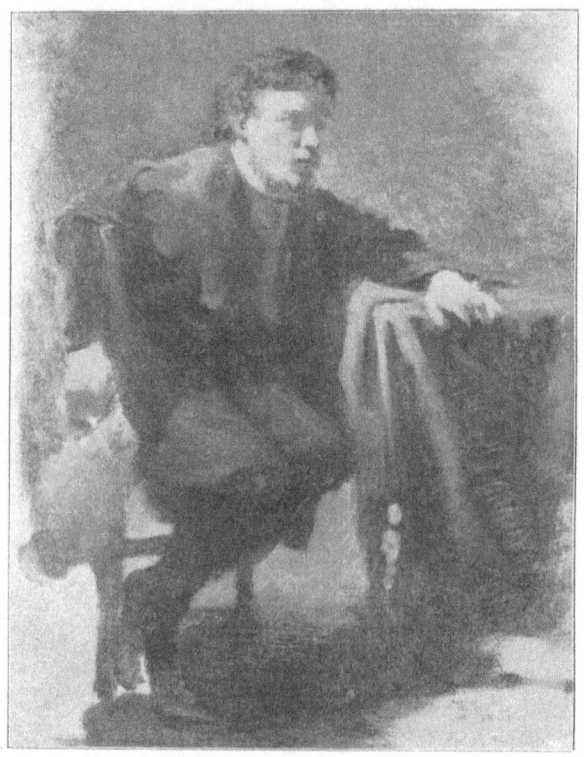

Abb. 8. Bildnis des Malers Sperl. 1867. (Berlin, Privatbesitz.)

zu versenken und sie aus der Tiefe an die
Oberfläche zu fördern, tritt hier völlig
zwingend hervor. Eine Reihe von Mo-
menten erscheint zusammengefaßt, um diese
gesteigerte Wirkung herbeizuführen: allerlei Nebenbeziehungen werden gleichsam als
Hintergrund der offen sichtbaren Bewegung
des Augenblicks aufgeboten, die wie eine ge-
schmackvolle Begleitung die Melodie klar
hervortreten lassen.

So schrieb ein Kritiker in der „Kunstchronik"
vom 26. Juli 1867: „Gelingt es ihm, noch
eine größere Vereinfachung der Zeichnung,
eine größere Transparenz der Farbe und
seinen Objekten gegenüber mehr Unbefangen-
heit der Anordnung zu gewinnen, so wird
er mit den besten Porträtmalern unserer
Zeit in die Schranken treten können. Ein
vielversprechendes Talent."

Die vielleicht abgeklärteste Leistung des

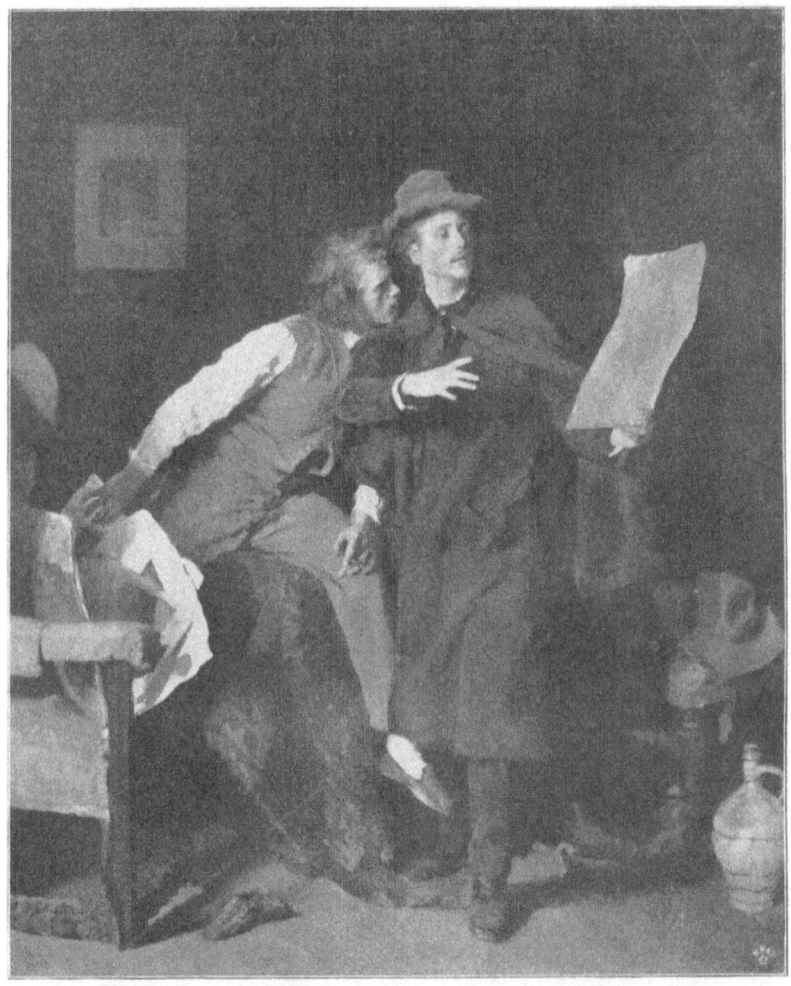

Abb. 9. Der Kritiker. 1866. (Köln. Besitzer: Frau A. Joest.)

jungen Künstlers ist das Bildnis der Frau Gedon gewesen, der Gattin von Lorenz Gedon, dessen Name stets genannt wird, wenn vom Münchener Kunstleben um 1870 die Rede ist, weil keiner so wie er den damaligen künstlerischen Geschmack beeinflußt hat. Dieses Bildnis ist in der Gegenwart nicht nachzuweisen. Es war zugleich mit dem „Kritiker" 1869 auf der berühmten internationalen Kunstausstellung in München,

die in anderer Weise noch für den Künstler bedeutungsvoll wurde, wovon noch zu reden sein wird.

In Künstlerkreisen war die Anerkennung sehr groß. So sehr, daß die Absicht bestand, Leibl die goldene Medaille zu geben. Besonders Viktor Müller, selbst ein feiner Kolorist, dem ein langer Aufenthalt in Paris das Auge für malerische Qualität geschärft hatte, soll lebhaft für die Aus-

zeichnung eingetreten jein, die dann unter-
blieb, weil Leibl noch Akademieschüler war.
Die Entschädigung blieb nicht aus, indem
der Künstler für eben dieses Bildnis 1870
im „Salon" die goldene Medaille erhielt.
Dort in Paris wurde den großen Eigenschaften einer solchen Arbeit ohne Neben-
bedenken die Anerkennung gezollt, die ihr

zöfischer Kritiker feinsinnig die großen Gaben,
die es enthielt, erkannt und die kommende
Bedeutung jeines Schöpfers vorausempfunden.
Kein anderer als Eugène Müntz hat 1869
geschrieben (Gazette des Beaux-Arts 1869
II p. 321): „Mr. Leibl, un tout jeune homme,
expose plusieurs portraits des plus intéres-
sants. La main est encore inexpérimentée.

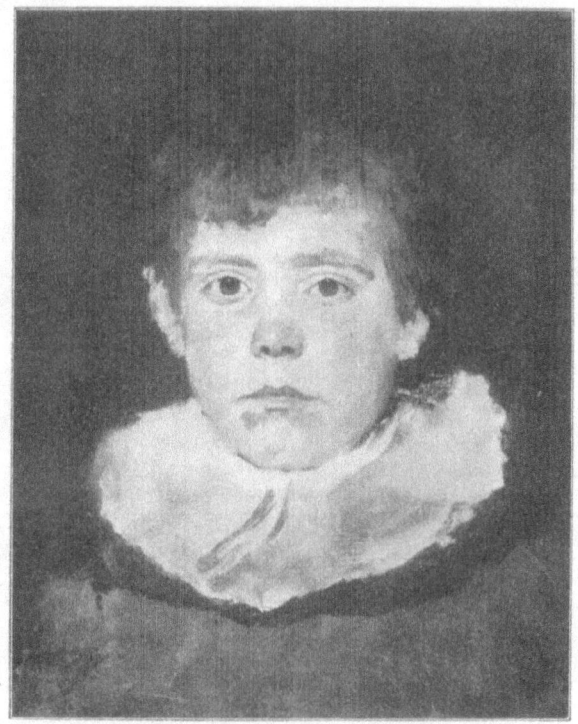

Abb. 10. Studienkopf. 1869. (Frankfurt a. M. Besitzer: Professor W. Trübner.)

zukam. „Die hiesigen Künstler," heißt es in
einem deutschen Bericht (Kunstchronik vom
1. Juli 1870), „werden nicht müde, den Adel
der Modellierung, den Schmelz der Farben
und der Behandlung dieses Bildnisses zu
loben." Schon äußerlich war es hervorgehoben: „das stattliche Bild in jeinem
matten, grüngoldenen Rahmen, hängt an
einem der besten Plätze."
Aber schon zuvor, als dasselbe Bild in
München ausgestellt war, hatte ein fran-

mais cette main on la reconnait déjà de
loin; la science manque, et non le talent
or la science s'acquiert."
Ein eigentümliches Geschick hat es gefügt, daß auch in der Zukunft die größere
Anerkennung dem Künstler vom Ausland zu
teil geworden ist, während sie ihm von der
Heimat verweigert wurde — fast müßte
man sagen, verweigert wird.

       *   *   *

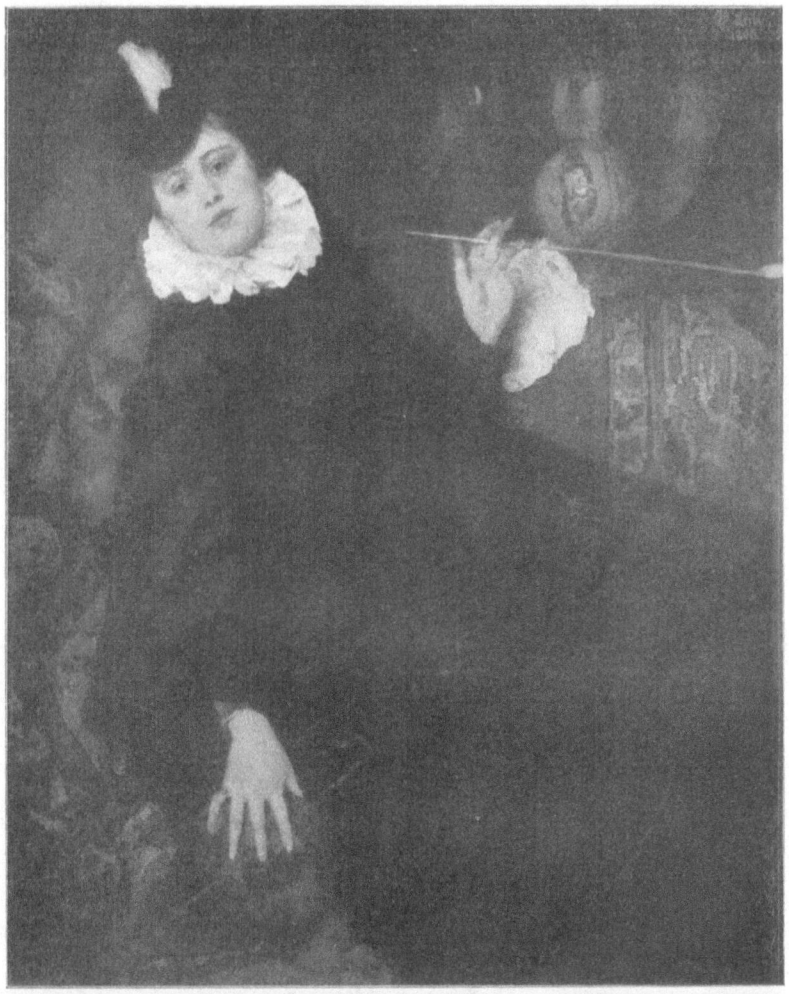

Abb. 11. Die „Cocotte". 1869. (Berlin. Besitzer: Kommerzienrat Seeger.)

Das Jahr 1869 und die internationale Münchener Ausstellung wurden für Leibl noch in anderer Rücksicht bedeutsam. Den eigentlichen Charakter gaben dieser die Bilder, die Frankreich gesandt hatte, etwa 350 an Zahl. Für die Deutschen, so namhafte Fortschritte sie in der Technik seit 1850 etwa gemacht hatten, gab es immer noch viel von den Nachbarn zu lernen, wie einsichtige Kritiker, z. B. Friedrich Pecht, auch rückhaltlos anerkannten. Unter den Franzosen ragte aber nicht derjenige am meisten hervor, dem sein Genie die erste Stelle anwies, Millet, weil er durch ein Bild nicht genügend vertreten war; vielmehr erschien Courbet als die hervorragendste Persönlichkeit, seine Kunst als stärkster Ausdruck der künstlerischen Bestrebungen in Paris. Neben zahlreichen Landschaften hatte er die „Frau mit dem Papagei" und vorzüglich eines seiner frühen, zugleich am meisten charakteristischen Gemälde ausgestellt: die „Steinklopfer", der alte und der junge, bei ihrer harten Arbeit das scheinbar für die künstlerische Gestaltung völlig unfruchtbar war, zu einer gewaltigen Leistung erhoben werden konnte.

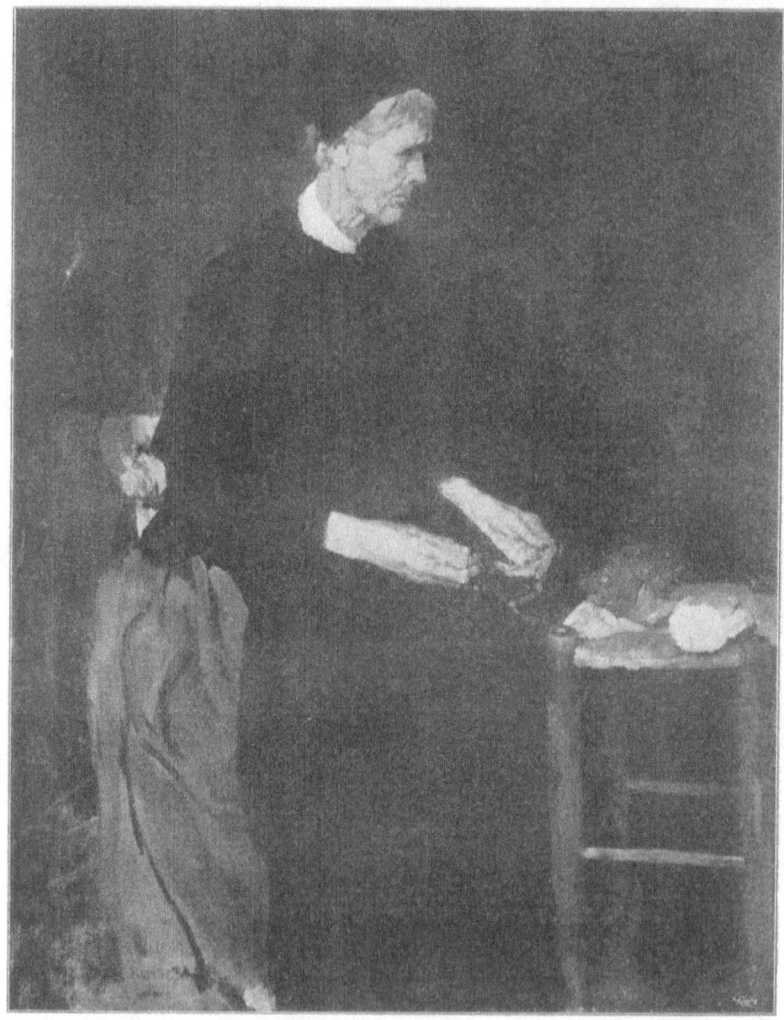

Abb. 12. Die „Pariserin". 1869. (Berlin. Besitzer: Kommerzienrat Seeger.)

an der Chaussee; mit gewaltiger Kraft und Wahrheit von dem Künstler wiedergegeben. In Deutschland war dergleichen noch nicht gesehen worden. Hier aber begriff man, daß eine Darstellung des alltäglichsten Lebens, Daher gab es in der Welt der Maler große Bewegung; Pecht z. B. urteilte: „Courbets ‚Steinklopfer‘ müssen geradezu das merkwürdigste und bedeutendste Bild der ganzen französischen Abteilung genannt werden."

Für die jungen Künstler, die schon den Weg des Naturalismus beschritten hatten, wirkte Courbets Kunst geradezu revolutionierend. Hier war nicht nur Beginn, sondern auch letzte Konsequenz. Leibl ging

Leibl machten, sollte bald die stärkere, die persönliche Einwirkung folgen. Courbet kam nach München. Den jungen Malern, denen er an Alter weit überlegen war — er war gerade fünfzig Jahre alt — imponierte

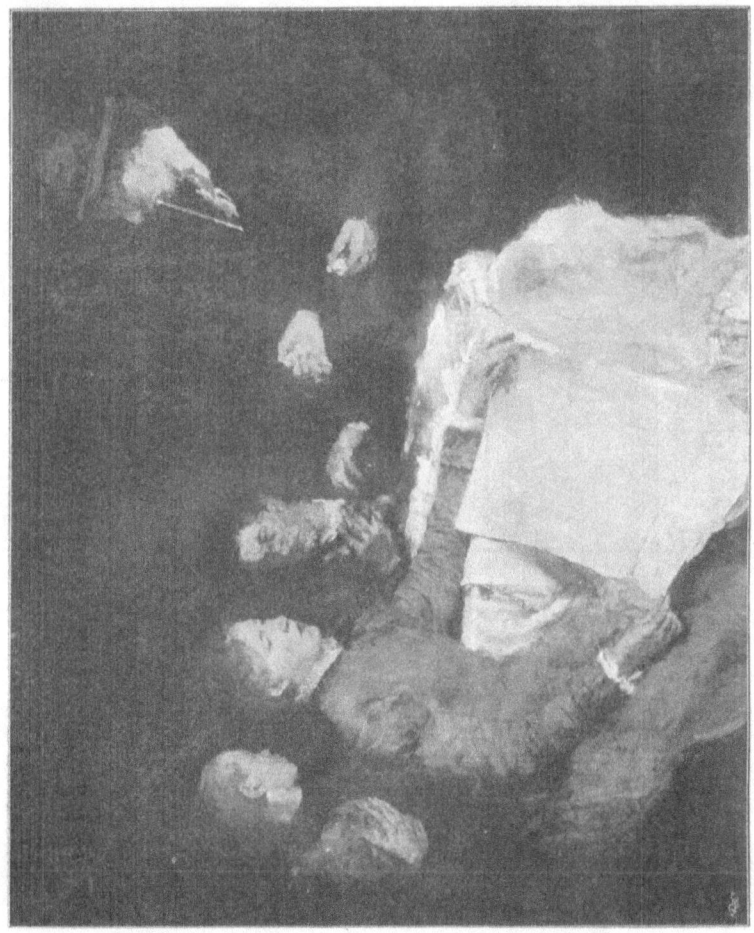

Abb. 13. Die „Tischgesellschaft". (Berlin. Besitzer: Kommerzienrat Seeger.)

es mit vielen anderen gleicher Weise: wonach er strebte, sah er zum erstenmale von einem großen Künstler ausgesprochen. Man wußte, daß dieser, wenn auch unter heftigsten Kämpfen, im Laufe von kaum zwanzig Jahren seine Richtung zur Anerkennung gebracht hatte.

Dem Eindruck, den Courbets Bilder auf

die kraftvolle Erscheinung mit dem mächtigen Kopf. Das äußerliche Auftreten, seine Tracht, mit Bluse und hohen Stiefeln, die der des französischen Bauern glich, erschien als Ausdruck eines durchaus eigenartigen Mannes. Seine Eitelkeit wurde von einer wohl ziemlich kritiklosen Schar der Bewunderer übersehen. Tag für Tag traf man sich mit

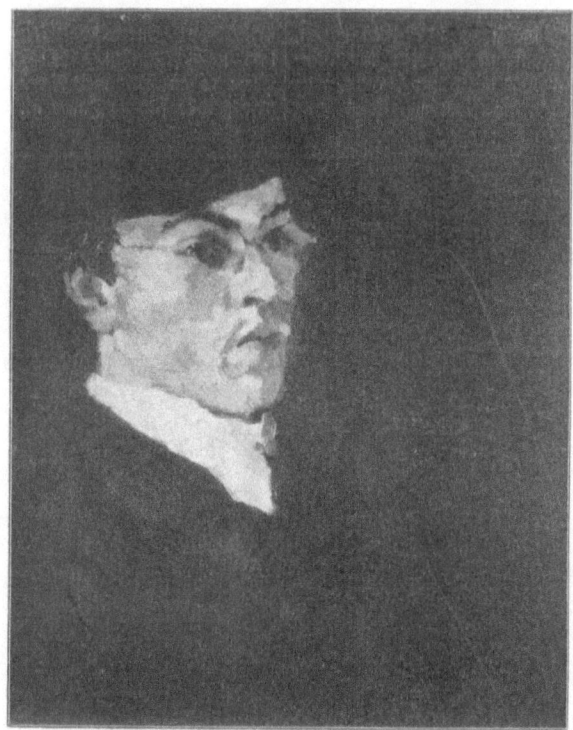

Abb. 14. Bildnis des Malers Kadeber. (Privatbesitz.)

Courbet im Café Probst am Karlsthor; und wenn es wohl auch mit der Unterhaltung ziemlich oft haperte, da Courbet gar kein Deutsch sprach und es mit dem Französisch der Münchener Künstler nicht gut bestellt war: die Bewunderung für den Franzosen half über diesen kleinen Umstand hinweg. Besonders Leibl trat ihm nahe. Courbets Art verwandt, kraftvoll und eigenartig wie dieser, wie er nichts als Naturwahrheit anerkennend, wurde er von ihm als der bedeutendste unter den Genossen gewürdigt.

Die persönliche Beziehung zu Courbet mag den Gedanken, von München nach Paris überzusiedeln, zur Reife gebracht haben, der ihm von anderer Seite nahe gelegt worden war. Eines Tages — es war im Oktober 1869 — erschien bei Leibl in der Akademie der zur Gesandtschaft gehörige Herzog Tascher de la Pagerie in Begleitung einer Dame und mehrerer Herren der Gesandtschaft.

Sie alle waren entzückt von dem Bildnis der Frau Gedon, das sie auf der Ausstellung gesehen hatten, und redeten dem jungen Maler aufs wärmste zu, er sollte nach Paris kommen und das Porträt mitbringen. Die Dame, die den Ruf einer ausgezeichneten Malerin (unter dem Namen Juliette Braun) genoß, bot ihm ihr eigenes Atelier an und wünschte selbst, von ihm gemalt zu werden: man stellte ihm andere Aufträge und großen Erfolg in sichere Aussicht. Wie hätten so lockende Anträge, das Bewußtsein ihm verwandten Künstlern nahe zu treten, ihn nicht reizen sollen? Zu Ende des Jahres 1869 begab sich Leibl nach Paris.

* * *

Über die äußeren Umstände der Wanderzeit Leibls, wie er in Paris lebte, welche Eindrücke er in der Stadt empfing, mit wem er umging, darüber fehlt es an Nach-

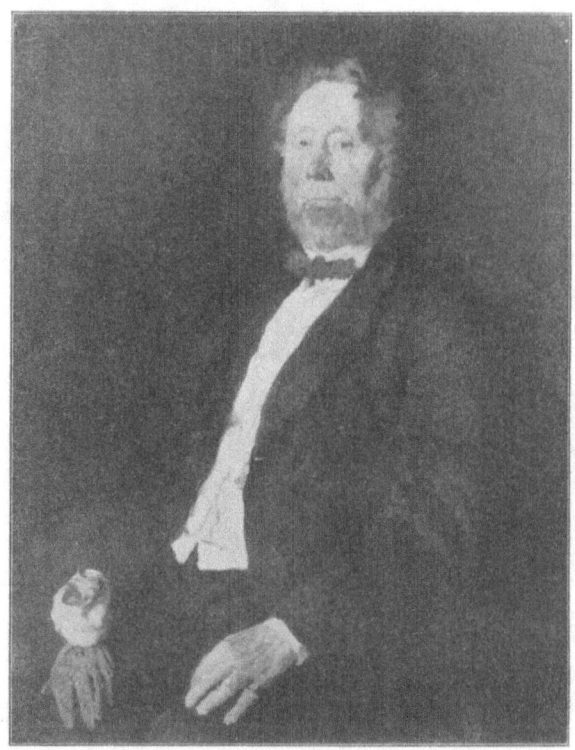

Abb. 15. Bildnis des Herrn Wallenberg. 1871. (Köln, Museum.)

richten. Durch seine Beziehungen zu Courbet aber kam er sicher vorwiegend mit solchen Künstlern in Berührung, die im Anschluß an die Natur und im unermüdlichen Eifer sie zu erobern, malerisches Können vorzüglich schätzten und auszubilden trachteten. Diese Franzosen hatten, in richtiger Erkenntnis, daß von den alten Meistern die rein technischen Fertigkeiten in einer seither nie wieder erreichten Weise ausgebildet worden waren, — ganz abgesehen von ihren sonstigen hohen Qualitäten, — dem Studium alter Kunst in ihrer Ausbildung den richtigen Platz angewiesen. Den Deutschen, die um die Mitte des Jahrhunderts nach Paris kamen, war es auffällig, wie die jungen Leute mit Vorliebe vom Atelier weg nach dem Louvre wanderten und dort, betrachtend und kopierend, den Alten ihre Geheimnisse abzulernen sich mühten, was

in München z. B. noch durchaus nicht üblich war. Neben den Holländern gewann Velasquez hier zuerst jene Schätzung, die allmählich sich dann ausbreitete, während in Deutschland der Klassicismus für eine durchaus einseitige Bewertung der gereiften italienischen Malerei gesorgt hatte.

Leibl gehörte zu den Deutschen, die nicht nur mit Hochachtung von der alten Kunst sprachen, sondern hatte auch in häufiger Betrachtung der Bilder eingesehen, wieviel sich daraus unmittelbar für die Gegenwart lebendig machen ließ. Die Galerie des Louvre bot ihm in dieser Hinsicht neue Anregung, indem sie speciell für die feine koloristische Kunst der Holländer seinen Blick schärfte. Wieviel er den alten Meistern zu verdanken hat, ist freilich nicht genau zu bewerten, da aller Einfluß sich auch hier auf Anregungen beschränkt. Immerhin: die ruhige Feinheit

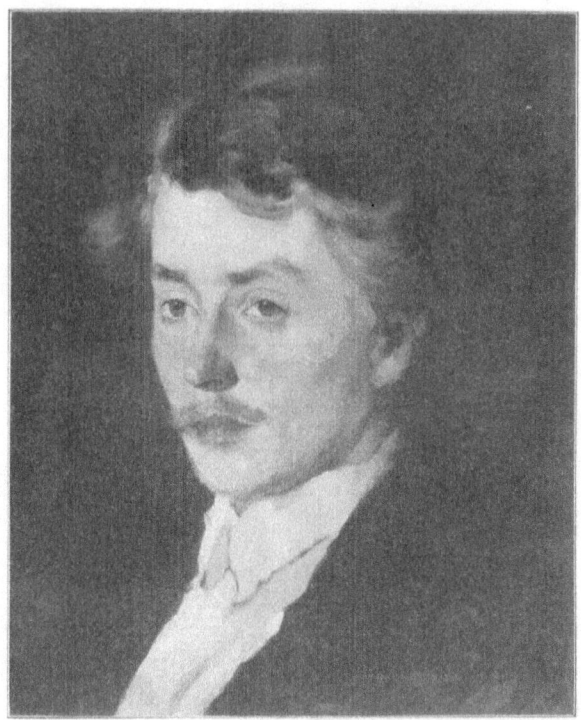

Abb. 16. Bildnis des Malers Trübner. 1872.
(Frankfurt a. M. Besitzer: Professor W. Trübner.)

des Tons, die bei seinen in Paris entstandenen Bildern noch stärker hervortritt, als bei den Münchener Arbeiten, die Zurückhaltung, so daß die Person des Schaffenden völlig hinter dem Kunstwerk verschwindet, wird man unmittelbar auf eingehendes Studium der Holländer zurückführen dürfen.

Zwei Bilder sind hauptsächlich die Frucht seines Pariser Aufenthaltes gewesen, sehr verschieden hinsichtlich des Gegenstandes und der Technik. Beide stellen Frauen dar. Es ist auffällig genug: in München hat er fast ausschließlich Männer gemalt, die Ateliergenossen und die Freunde; hier aber gestaltet er zwei Genrebilder (wenn man diesen Namen zulassen will), deren Inhalt jedesmal die Schilderung einer Frau bildet. Eine junge Frau und eine alte, eine, die auf dem Höhepunkt des Genußlebens steht und eine, die mit dem Leben abgeschlossen

hat; die eine modisch gekleidet und vom Luxus umgeben — die andere ernsthaft und streng, in äußerer Dürftigkeit. Es ist schwer zu sagen, welchem dieser Bilder die höheren Vorzüge innewohnen. Das Bild der jungen Frau (Abb. 11), meist kurz die „Cocotte" genannt, ist mit einem Schmelz gemalt, den Leibl selbst vielleicht nie wieder erreicht hat. Das Stillleben, dessen Mittelpunkt der sinnlich-reizvolle Kopf mit den dunkeln, fest auf den Beschauer gerichteten Augen, der kurzen Nase, deren Flügel vibrieren, und mit dem vollen Mund bildet, dient nur dazu, dem Auge einen wohlgefälligen farbigen Eindruck mitzuteilen, aber nicht einen Augenblick das Interesse zu absorbieren. So ist es bei den Holländern auch, besonders bei Terborch, der stets um ein feines Köpfchen oder einen leuchtenden Nacken all' seine Zaubermittel gruppiert. Gerade Arbeiten

dieſer Künſtler werden unwillkürlich bei der
Betrachtung des Leiblſchen Gemäldes von
der Erinnerung hervorgeſucht. Hier allein
glaubt man ähnliche Farbenverbindungen
geſehen zu haben; hier allein ein verwand-
tes Feingefühl für Kolorit. Unübertrefflich,
durchaus diskret als Hintergrund iſt der
ſchöne orientaliſche Teppich behandelt, deſſen
Muſter in graubraunen und roten Farben
ſtill die Geſtalt umſchließt. Das ſchwarze
Gewand aber läßt nun das Nebenſächliche
nicht allzu weit aufkommen und gibt dem Kopf
und den Händen die helle Kraft der Farbe.
Dieſe Hände, ſie ſind faſt ebenſo wichtig wie
der Kopf, weich, rund, gepflegt; Hände des
Genuſſes, nicht der Arbeit, charakteriſieren
ſie den Menſchen unübertrefflich. Sie ſind
durchaus individuell. Die eine ruht ganz
ausgebreitet — man möchte den Vergleich

eines feinen aufgeklappten Fächers brauchen —
auf dem Teppich und gräbt die Spitzen
leicht ins Gewebe; die andere hält die lange
Thonpfeife und iſt mit großem Raffinement
im linken Kontur gegen den Grund des
dort hingeworfenen Taſchentuches gemalt.
Eingefaßt vom weißen breiten Kragen und
überragt vom ſchwarzen Hütchen, feſſelt der
Kopf durch den Ausdruck, durch das lichte
Email, das der Pinſel des Malers hin-
gezaubert hat; der ſanft gerundete Kontur
prägt ſich ſchmeichelnd dem Auge ein.

Gegenſtändlich Bedeutenderes, vielleicht
auch künſtleriſch Gereifteres hat Leibl danach gemalt: eine koloriſtiſch feinere Arbeit
iſt ihm nie gelungen. Trotzdem vermochte
er auch hiermit in Deutſchland keinen vollen
Erfolg zu erzielen; ſo ſprach ein Kritiker,
als es 1872 im Wiener Künſtlerhaus aus-

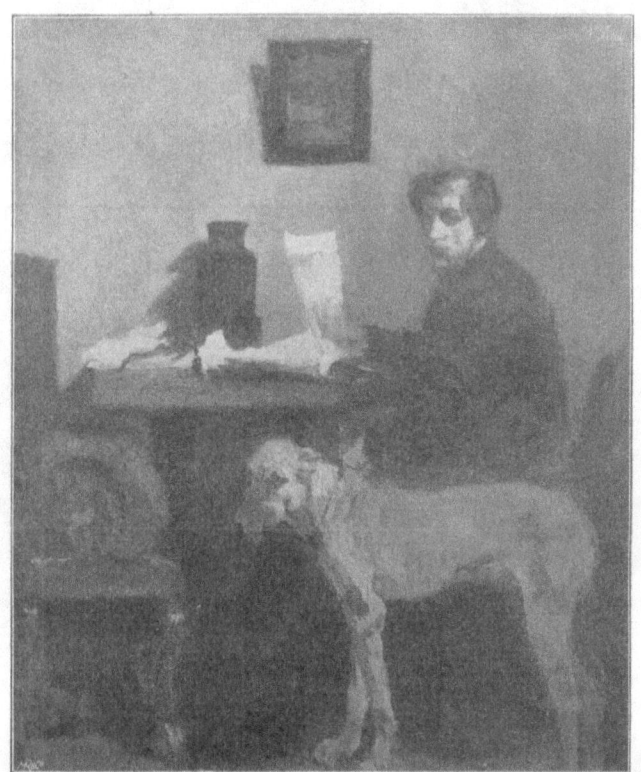

Abb. 17. Bildnis des Malers Sattler. (Frankfurt a. M. Beſitzer: Profeſſor W. Trübner.)

2*

gestellt war, von der „frech grisettenhaft dreinschauenden Raucherin" — was vielleicht nicht jeder Betrachter gutheißen wird—; es, im Besitz der Fleischmannschen Kunsthandlung in München, von dem amerikanischen Maler Chase im Umtausch gegen

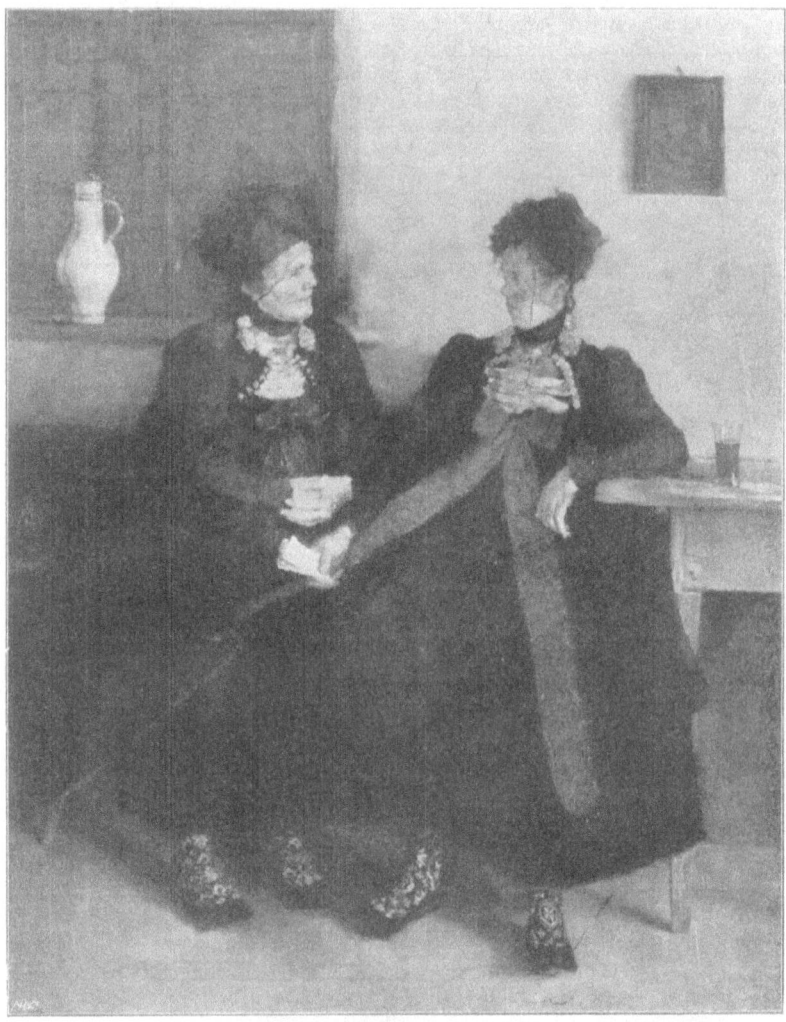

Abb. 18. Dachauer Bäuerinnen. (Berlin, Nationalgalerie.)

er fügte aber doch wenigstens hinzu: „ein malerisch übrigens ungemein reizvolles Bild". Eine Kritik, vielleicht schärferer Art, lag darin, daß das Bild unverkauft blieb, bis eine seiner Arbeiten erworben wurde; bis vor kurzem ist es dann in Amerika geblieben (jetzt im Besitz von Herrn E. Seeger).

Denselben reizvollen Kopf hat Leibl noch

einmal auf einem kleinen, offenbar höchst pikanten Bilde festgehalten.

Das Bild der alten Frau, meist kurzweg die „Pariserin" genannt (Abb. 12), ist von der weichen, vollendeten Malerei jenes Gemäldes sehr verschieden gemalt. Wenn man auf dieses zweite Bild den Ausdruck „impressionistisch" anwendet, so geschieht es, um damit eine bestimmte Vorstellung von der breiten, bis auf die letzte geglättet und verlöscht waren, sondern eben dann, als die höchste Realität, diejenige, die sein Auge sah, gewonnen war. Die große Gabe, zur rechten Zeit den Pinsel niederlegen zu können, war ihm zu jener Zeit eigen.

Daher ist diesem Bilde in höchstem Maße jene Lebendigkeit mitgeteilt, die über alle Anziehungsmittel künstlerischer Art hinaus

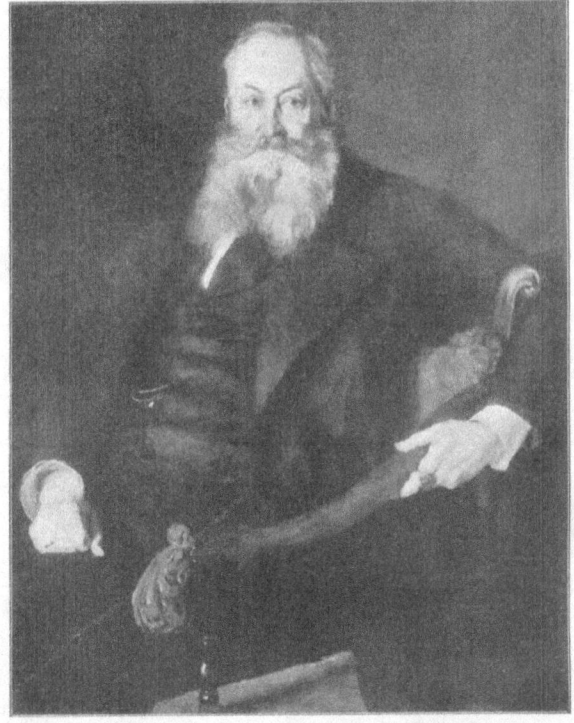

Abb. 19. Bildnis des Freiherrn Max von Perfall. (München, Neue Pinakothek.)

haftigen, höchst energisch vorgehenden Pinselführung zu geben. Man glaubt den Maler an der Staffelei zu sehen, erregt, daß auch jeder Strich an der richtigen Stelle sitze, daß kein Farbenton einen Augenblick Störung hervorrufe, unermüdlich bei der Arbeit, bis er, das Ganze überschauend, selbst den Eindruck gewonnen hat, daß nun darin niedergelegt ist, was er geben wollte. Er hörte auf, nicht erst, als die Spuren des Arbeitens wirksam ist. Die verwitterten Züge, in die die Jahre und wohl auch Entbehrungen ihre Spuren tief eingruben, die welken, müden Hände, wirken so stark, wie die unmittelbare Gegenwart, ja darüber hinaus, da sie eben nur so weit wirken, als es der Künstler um des Gesamteindrucks willen für gut befand. Denn man kann hier deutlich beobachten, wie trotz alles Wahrheitsdranges doch auf eine ästhetische Wirkung hin alles

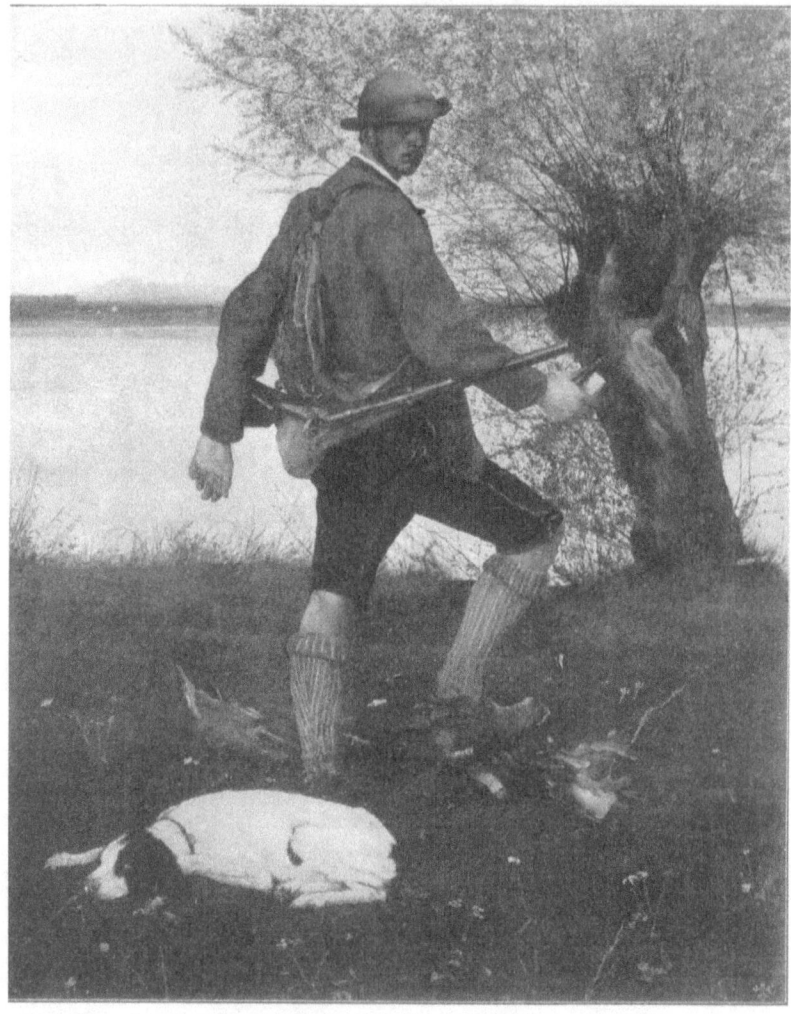

Abb. 20. Bildnis des Freiherrn Anton von Perfall. 1875. (Berlin, Nationalgalerie.)

berechnet ist. Die hagere, hohe Gestalt
gibt dem Maler den schönen Kontur (besonders zu beachten vom Hals an bis zur
Hüfte auf der linken Seite); die Hände
beleben die dunkle Fläche des Kleides; auch
sie enthalten das Lebensschicksal der Alten,
das, in deutlich lesbaren Zügen von der
Zeit in sie gegraben, von dem Künstler
nachgeschrieben ist: in ihrer Anordnung mit

den feinen Überschneidungen liegt hier die
hohe intellektuelle Arbeit. Endlich aber ist
das Koloristische wieder von der höchsten
Qualität: die Verteilung des Lichtes, die
Belebung des in neutralem Ton gehaltenen
Hintergrundes; links wirkt farbig ein braun-
grauer Stoff, der, als ob er ihr vom Rücken
geglitten ist, achtlos, in großen Falten ge-
brochen, vom Stuhl herabhängt. Die rechte

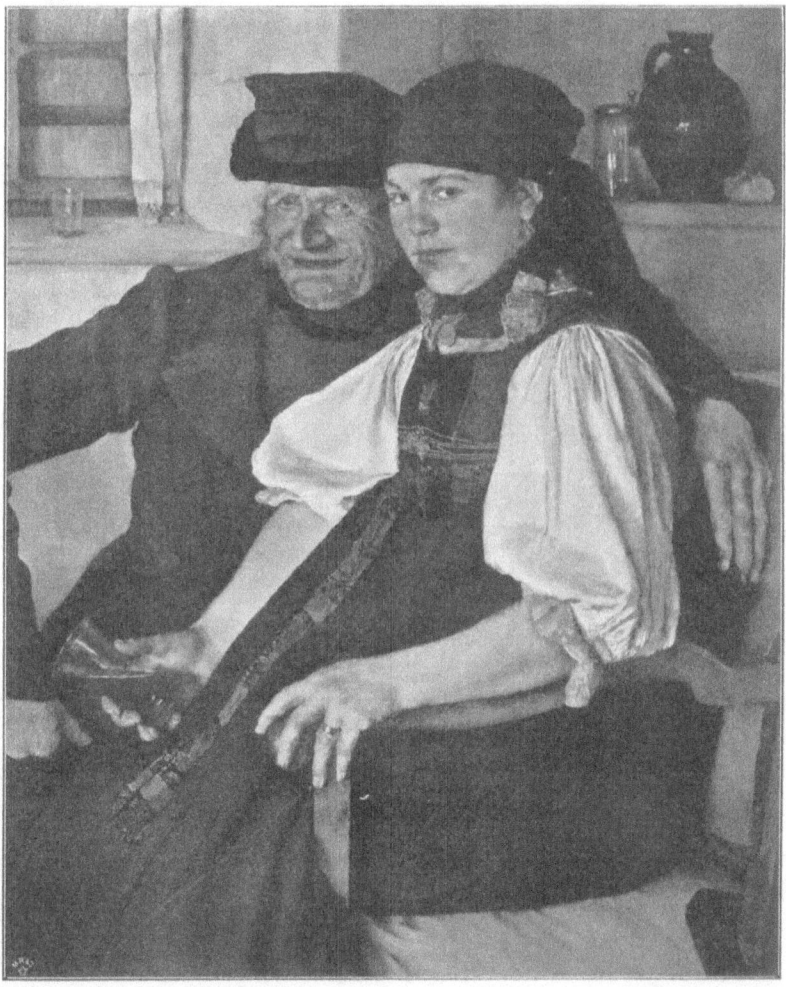

Abb. 21. Ungleiches Paar. (München. Besitzer: Professor F. von Defregger.)

Ecke ist durch kräftiges Rot und Braungelb belebt, ohne daß dem Kopf und den Händen hierdurch Konkurrenz erwächst: auf dem Rohrstuhl liegen ein Taschentuch und ein Stück groben Brotes, die, indem sie farbig ihren Hauptzweck erfüllen, doch auch zur Schilderung dieser Existenz ein weniges beitragen mögen.

So sitzt die Alte, nicht ohne Stolz, trotz sichtbarer Dürftigkeit, und läßt die Kugeln des Rosenkranzes langsam durch die Hände gleiten. Ihre Gedanken schweifen weit in die Ferne und in das Gebet mag sich manche Erinnerung an die Vergangenheit mischen. In unserer Zeit, in der so oft tadelnd von der „Armeleut-Malerei“ gesprochen wird, muß ein solches Kunstwerk, das den Gegenstand weit über das Leben hinausführt, für die ganze Richtung als kraftvoller Verteidiger sprechen. Nicht oft freilich mag

ein so von starker Eigenart erfüllter Wirk=
lichkeitssinn den einfachen Vorwurf zum ge=
reiften Kunstwerk erhoben haben.

Durch diese zwei Hauptwerke, neben denen
Porträts (Abb. 10) und kleinere Arbeiten
entstanden, wie der „Savoyarde" (im Besitz
der Gurlittschen Kunsthandlung in Berlin)
— ein Knabe ist auf dem Sofa vor Er=
schöpfung eingeschlafen; zugleich Reminis=
cenz an ein persönliches Erlebnis Leibls in
Paris — ist der Pariser Aufenthalt für
seine Entwickelung beachtenswert. Die an=
geregte Thätigkeit des Schaffens unterbrach
der Ausbruch des Krieges, der ihn zur
Rückkehr in die Heimat nötigte.

*   *   *

Bereits in Paris hatte Leibl sich mit
dem Gedanken an eine größere Komposition
getragen, die ihre endliche Gestaltung frei=
lich in einer ganz veränderten Form em=
pfing. Er hatte eine Ölstudie entworfen
mit vier Figuren: vorn sitzt ein Cello=
spieler; zur Rechten sieht man einen Klarinett=
bläser, mehr im Hintergrund einen Violin=
spieler und eine Frauengestalt; ein großer
heller Fleck wird in der Mitte des Bildes
durch das weiße Tischtuch gebildet (Privat=
besitz, Berlin). In München wurde der
Gedanke aufgenommen, umgestaltet und in
der Untermalung auf die Leinwand gebracht
(im gleichen Besitz). Hier ist nur die Ge=
stalt des Cellospielers noch erhalten, während
rechts ein junger Mann steht, im Begriff,
sich die lange Thonpfeife anzuzünden; zwischen
beiden hinter dem Tisch die Halbfigur eines
Mannes.

In der abgeschlossenen Komposition, der
„Tischgesellschaft", wie man das Bild kurz
heißen mag (Abb. 13), blieben die zwei
letzten Figuren, während der Cellospieler
fortgenommen und durch ein junges Mädchen
ersetzt wurde; die Bildgröße wurde ver=
kürzt, da die ersten beiden Entwürfe ganze
Figuren angenommen hatten.

Auch dieser Fassung ist die letzte Aus=
führung versagt geblieben. Doch schadet die
Nichtvollendung wenig, da die künstlerischen
Absichten vollkommen deutlich sind und selbst
die Durchführung der Form nichts zu erraten
übrig läßt. Durch bewußte Anordnung und
Bewältigung sehr verschiedener Motive wird

dieses Bild zur bedeutendsten Arbeit aus
der Jugendperiode Leibls erhoben.

Eine einzelne Gestalt hält drei Figuren
das Gleichgewicht: diese steht, von jenen
sitzen zwei, während die dritte, ein Knabe,
nur die Kopfhöhe der anderen erreicht. Durch
die eigentümlich=momentane Bewegung wird
der Umriß des Stehenden um so viel er=
weitert, daß er fast genau die Hälfte der
Bildfläche für sich in Anspruch nimmt.
Um die eminente Feinheit der Anlage des
Ganzen zu begreifen, müßte man sich etwas
Entscheidendes geändert denken, z. B. die
stehende Figur weiter nach links gerückt.
Sofort würde, was jetzt durchaus natürlich
und übersichtlich wirkt, gezwungen und unklar
erscheinen.

Die äußere Verbindung der Gestalten
ist locker. Direkt verknüpft sind nur die
beiden, mehr im Hintergrund gehaltenen,
der junge Mann am Tisch — ein Bruder
des Künstlers —, der dem Knaben eine
Weisung zu erteilen scheint, die er mit
lebhaftem Handgesten erläutert; der Knabe
genau aufhorchend. Der Stehende rechts
(Bildnis eines Malers) hört zu, indem er
die Pfeife anzündet, indes das junge Mädchen
vorn, ganz ohne Zusammenhang mit den
anderen, in Noten blättert.

Nun aber: welch ein Reichtum eigen=
tümlicher Bewegung ist hier aufgeboten!
Die Hände, durchaus persönlich gebildet,
fügen sich völlig der jedesmaligen Aktion
an: Fassen, lässiges Ruhen, Reden und das
Bewegen einzelner Finger. So ist auch bei
den Köpfen jede Wiederholung vermieden.
Vom verlorenen Profil bis zur vollseitigen
Ansicht sind alle Möglichkeiten verwendet;
die hohe künstlerische Einsicht aber verbirgt
sich hinter dem scheinbar Gegebenen, wodurch
die erstaunliche Natürlichkeit ihre Erklärung
findet.

Es wäre möglich in der gleichen Weise
das Kunstwerk zu zergliedern und die Not=
wendigkeit einer jeden Einzelheit für die
Ökonomie des Ganzen aufzuzeigen, wenn
nicht eine solche anatomische Behandlung
notwendig ermüden müßte. Das Farbige,
dem aber noch einige Worte gewidmet werden
müssen, ist hier so einfach, wie nur denkbar.
Unter lauter schwarzen Gestalten wirkt das
lichte Grau des Kleides, das die junge Frau
trägt, als vornehmster Wert; die helle Tisch=
decke in der Mitte der Komposition würde

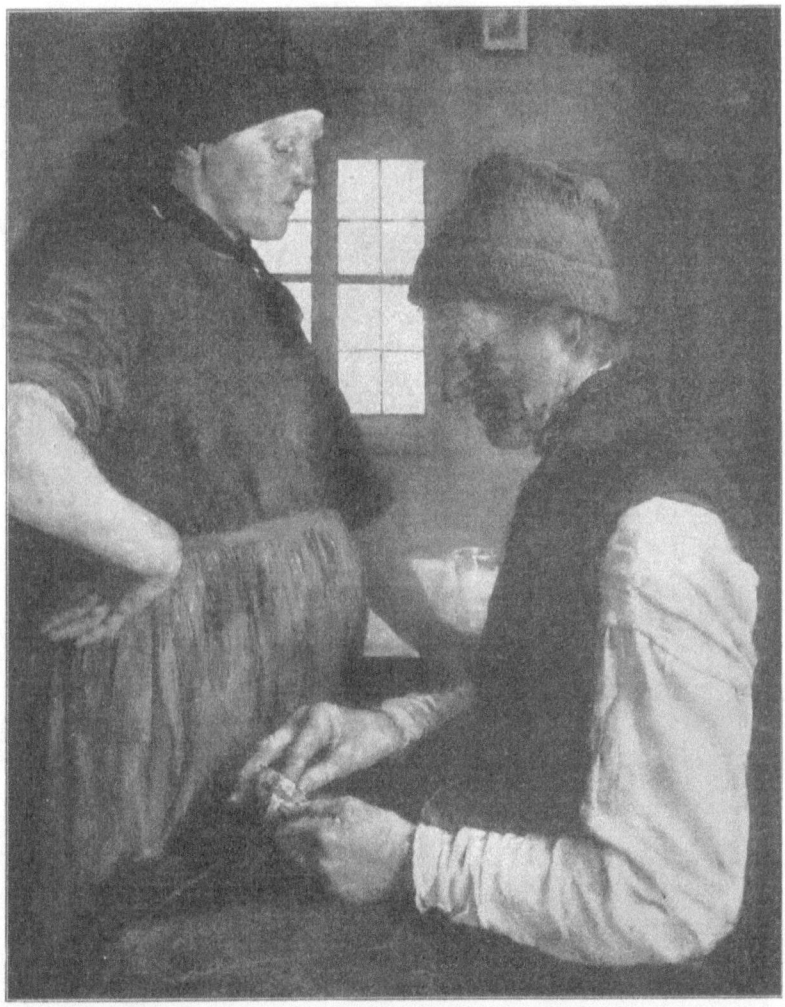

Abb. 22. Der Sparpfennig. (Barmen. Besitzer: Fabrikbesitzer Tölle.)

vielleicht das Ganze zerreißen, wenn nicht das Nebensächliche durchaus als große Masse vom Künstler behandelt worden wäre. In allen Teilen fühlt man das sichere Walten der ihrer Mittel bewußten Hand.

Wer mit den Gemälden der Münchener Alten Pinakothek vertraut ist, wird vielleicht vor einem Gemälde in dieser an Leibls „Tischgesellschaft" erinnert werden: dem Wirtshausbild des Michael Sweerts, einem der reizvollsten holländischen Interieurbilder, die man in öffentlichen Sammlungen findet. Ob Leibl diesem Bild seine Aufmerksamkeit zugewandt hatte, kann nicht verraten werden; man möchte aber meinen, daß es ihn koloristisch und kompositionell interessiert haben müßte. In der Verbindung der Farben, wie im Geist haben beide Ge-

mälde jedenfalls eine erstaunliche Verwandt-
schaft.

Außer dieser bedeutenden Komposition
hat Leibl in jenen Jahren seines zweiten
Aufenthalts in München vielerlei Studien-
köpfe gemalt, von denen sicherlich nur ein
kleiner Teil bekannt ist. Diese Arbeiten
sind Zeugnisse seines gewaltigen Ernstes,
mit dem er vorwärts strebte — nicht als
ob er schon eine hohe Stufe des Könnens
erreicht hätte, sondern als müßte er lernen
und immer lernen. Meist setzt er mit
wundervoller Breite die Pinselstriche hin, so
daß diese Arbeiten vielfach fleckig wirken,
indem er ziemlich frei mit den Formen um-
springt. Nicht diese sorgfältig herauszuarbeiten
ist er bestrebt, sondern die richtigen Tonwerte
bei einer durchschnittlichen Atelierbeleuchtung,
der ein Kopf gleichmäßig ausgesetzt ist, zu
treffen. Diese Bilder sind meist gar nichts
für das große Publikum, für den Künstler
aber, der die kraftvolle, sichere Arbeit ihrem
Werte nach ermessen kann, hervorragende
Leistungen, offenbar aber geschaffen ohne
jeden Gedanken, was man darüber sagen
könnte, lediglich um der Erscheinung Herr
zu werden. Aus farbigen Einzelheiten gestaltet sich sicher, mit packender Wahrheit
die Form, so sehr es den Schein hat, als
vernachlässige sie der Künstler, um allein
das richtige farbige Verhältnis der einzelnen
Teile zu treffen. Wie fein dann die künstlerische Gesamterscheinung dieser Bilder ist,
die Disposition des Kopfes innerhalb der
Bildfläche, die Verteilung von Licht und
Schatten, und wie klar das Wesen, die
Persönlichkeit in die Anschauung tritt, das
recht zu würdigen verhindert das Erstaunen
über die technische Leistung allzu häufig.
In diesem bewußt sich Gestaltenden aber
erscheint die natürliche Begabung Leibls mit
besonderer Klarheit.

Ganz in derselben Weise, wie diese Studien-
köpfe, hat Leibl einige Bildnisse (Abb. 14—16)
behandelt. Ein Landsmann, der alte Herr
Pallenberg, erschien eines Tages bei ihm,
um sich porträtieren zu lassen. Das Bild,
das Leibl damals selbst als „das in seiner
Art beste, das ich gemalt habe", betrachtete,
ist kürzlich aus dem Pallenbergschen Nachlaß
in den Besitz des Kölner Museums gelangt
(Abb. 15). Die Einfachheit der Auffassung,
die klare Intention des Künstlers sind ebenso
bewundernswert, wie das souveräne Um-

springen mit den technischen Mitteln. Daß
der Besteller selbst freilich mit der gar nicht aus-
geglätteten Arbeit wenig zufrieden war und
hierüber vergaß, daß mit seinem Namen der
Ruhm eines großen Kunstwerks verknüpft
bleiben würde, mag ihm nicht allzusehr ver-
übelt werden. Thatsache ist, daß das Bildnis
im Geschäftshause verborgen aufgehängt war
und dort in späteren Jahren — die Geschichte ging durch die Zeitungen — von
Achenbach entdeckt wurde.

Bei dem Bildnis des Malers Sattler
(der Mann mit dem Hund; Abb. 17) ist
der Hauptwert auf die malerische Wirkung
gelegt, bei angenommener seitlicher Beleuchtung. Dem Auge, das geübt ist, künstlerische
Qualitäten auf sich wirken zu lassen, wird
der große Reiz gerade dieser Arbeit nicht
verborgen sein: wie z. B. die weißlichgraue
Wand höchst geistvoll behandelt ist. So
haben es die alten Niederländer, van der
Meer vor allem, in neuerer Zeit Whistler
verstanden, den monotonen Hintergrund
malerisch interessant zu machen. Die Unter-
brechung der Fläche durch den Spiegel, sowie
durch die einschneidenden Silhouetten des
Kopfes, der Vase, der Stuhllehne konnten
an jeder Stelle nicht glücklicher gewählt
werden. Die flüchtig hingeworfenen Papiere
geben der Mitte die hellsten Werte, der
Kopf selbst wird nur ein malerischer Teil
eines farbig empfundenen Ganzen, daher
man das Bild mehr als Genrestück im Sinne
der Holländer, wie als Porträt anzusehen hat.

Wenn bald danach höchste Durchbildung
und Vollendung den Gemälden Leibls den
eigensten Charakter verleihen, so hatten
die Jahre unermüdlichen Versuchens dazu
den sicheren Grund gelegt. Auch aus diesem
Grunde verdienen die Arbeiten Leibls vom
Anfang der siebziger Jahre die Aufmerksamkeit in besonderem Maße.

*   *   *

Dem Aufenthalt des Künstlers in
München war lange Dauer nicht beschieden.
Was ihn hinaustrieb? Vielleicht Gründe
persönlicher Art, vielleicht die Abneigung
gegen die Großstadt mit ihren Ansprüchen
an den Menschen. Aus einem Freundes-
kreis hinweg, dem Hirth, Haider, Sperl,
eine Zeit lang auch Hans Thoma angehörten,

trieb es ihn in dörfliche Einsamkeit. Nach
München ist er nie wieder dauernd zurück-
gekehrt. Von nun an lebt er abgeschieden
von der Kultur, die die wenigsten entbehren

Ruhe der Natur vielfach verwandt. Nicht
weil Bauernbilder in der Mode waren, ist
Leibl zu den Stoffen gekommen, die ihn von
jetzt ab dauernd beschäftigen und mit denen

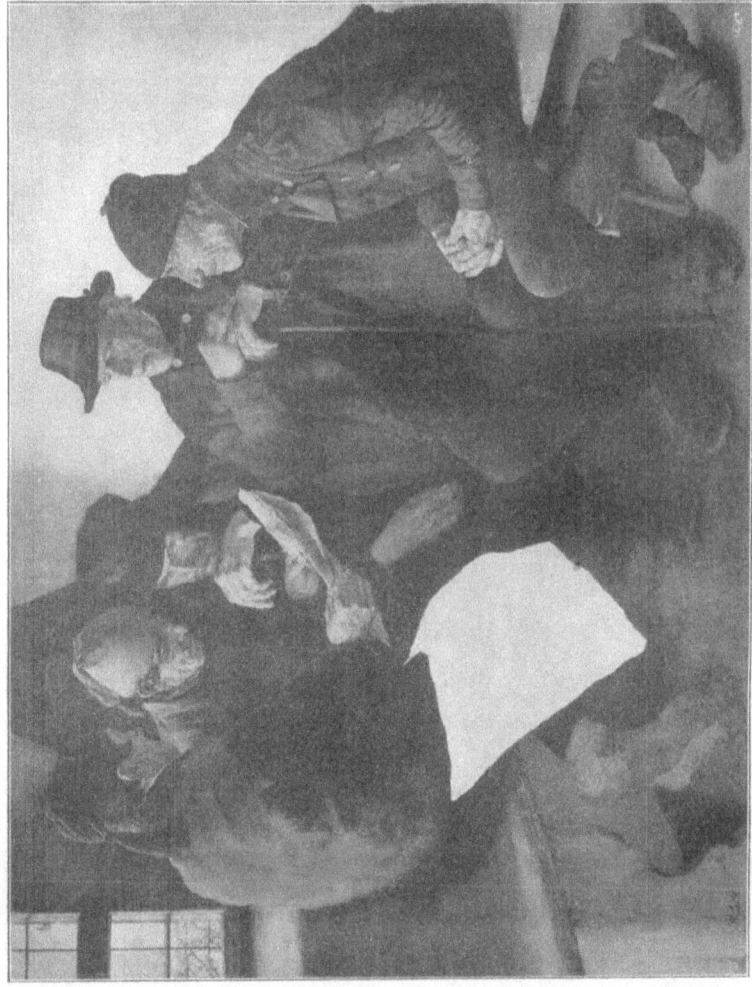

Abb. 23. Die „Dorfpolitiker". 1876.77. (Berlin. Besitzer: Kommerzienrat Arnhold.)

zu können glauben, mit der Natur, der er
nicht nur als Künstler nahe sein will, da
er auch als leidenschaftlicher Jäger ihr viele
Stunden widmet, und wird vertraut mit
den Menschen, die ihm dort begegnen, die
einfach sind, ursprünglich, der gleichmäßigen

er seinen Ruhm fest begründet, sondern weil
ihm die Fülle künstlerischer Momente augen-
scheinlich wird, die die Existenz der Land-
bewohner verschönen.

Aus einem rein künstlerischen Gesichts-
punkt kommt Leibl zu den Stoffen, denen

sein terniges Wesen aufs beste entspricht. Er hat nie beabsichtigt, Genrebilder zu malen in dem modernen Sinne, der infolge eines halben Jahrhunderts meist geringwertiger Kunst damit verbunden ist und den Begriff bis zum Niveau eines Chromos herabgedrückt hat, sondern der malerische Zauber in un-

großen Meister der Vergangenheit, im künstlerischen Geiste wohl verstanden, verwandt sind.

Die Genremalerei des neunzehnten Jahrhunderts war in der Hauptsache Anekdoten-Malerei geworden. Jenes Haupterfordernis hoher Kunst, daß sie um ihrer selbst willen da sei, ohne Rücksicht auf das

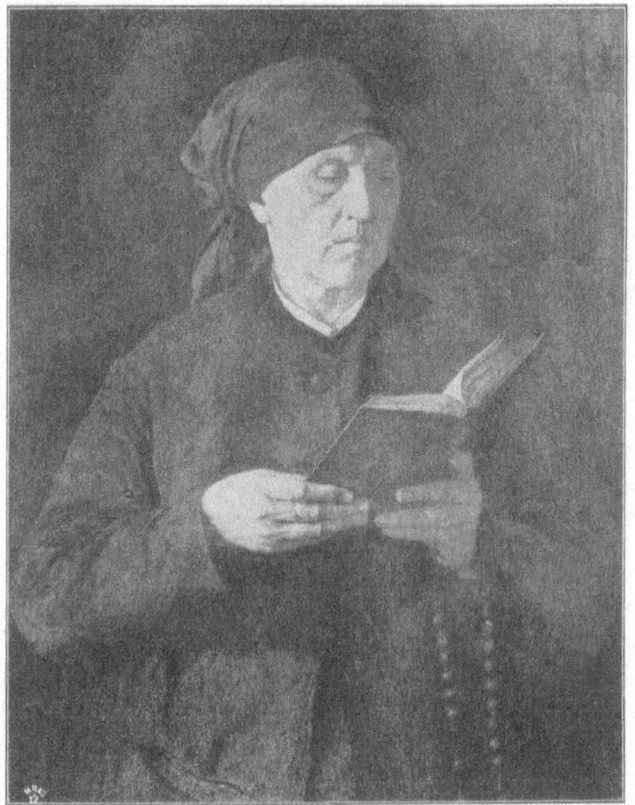

Abb. 24. Lesende Bäuerin. Bleistiftzeichnung. 1878. (Leipzig, Museum.)

endlich Vielem, das er vor Augen sah, zwang ihm den Pinsel in die Hand, ebenso wie einem Terborch, Pieter de Hooch oder Brouwer das Malerische der ihrem Auge sich darbietenden Scenen des täglichen Lebens die Stoffe aufgedrungen hatte. Daher erklärt sich, daß Leibls Bilder von allem, was zeitgenössische Kunst geschaffen hat, ebenso verschieden, wie den Schöpfungen jener

Urteil und die Meinung des Betrachters, vor allem aber ohne an dessen niedere Instinkte sich zu wenden, wurde vielfach nicht beachtet. Es ist häufig geradezu unerträglich mit anzusehen, wie jede einzelne Gestalt eines solchen Bildes, ja jede Bewegung in dem Beschauer gewisse Empfindungen, meist komischer, oft auch rührseliger Art erwecken soll.

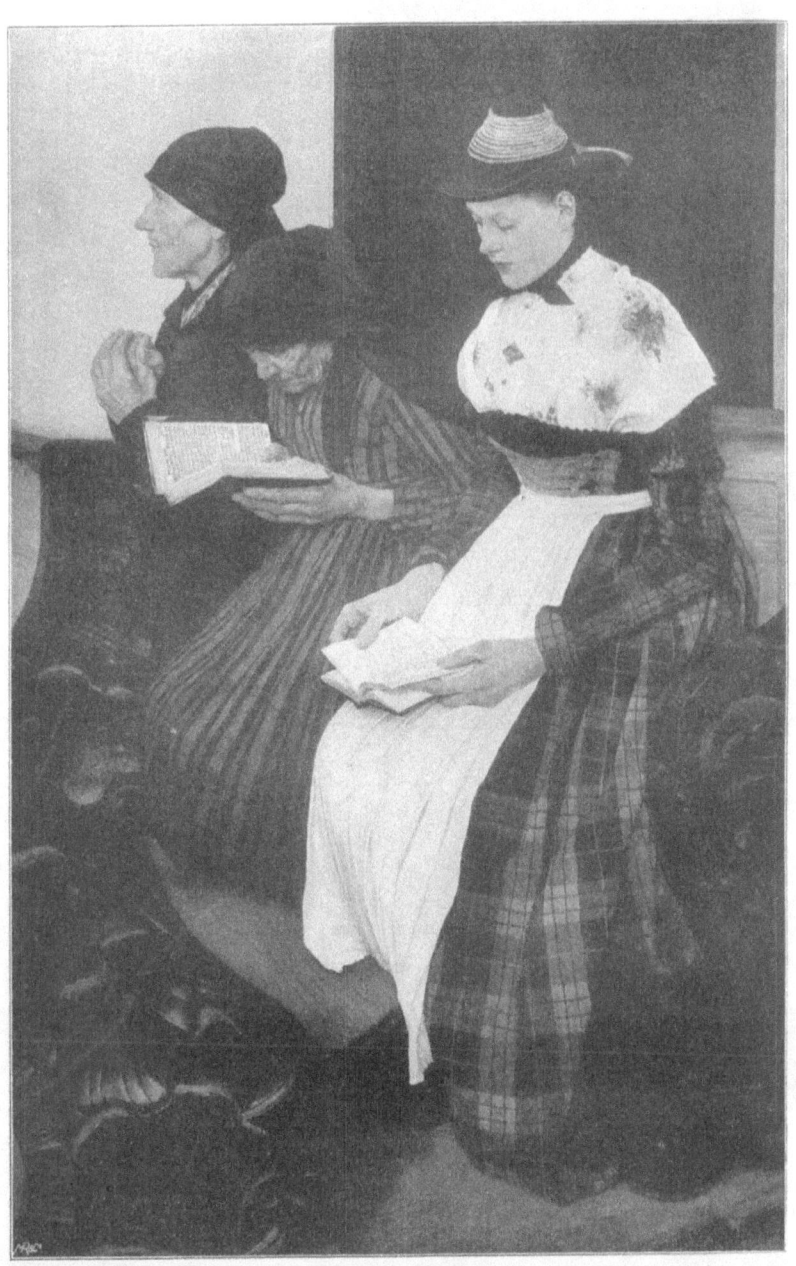

Abb. 25. Frauen in der Kirche. 1878—1881. (Worms. Besitzer: Familie von Schön.)

Die Genresachen
So rührend oder auch zum Lachen,
lautet die treffliche Charakteristik von Wilhelm Busch. Dem minder gebildeten Publi-

alles zu sehen ist, und welche pikanten Beziehungen die einzelnen Figuren verbinden.
Wenn dergleichen von einem geistvollen Künstler vorgetragen wird und farbiger Reiz

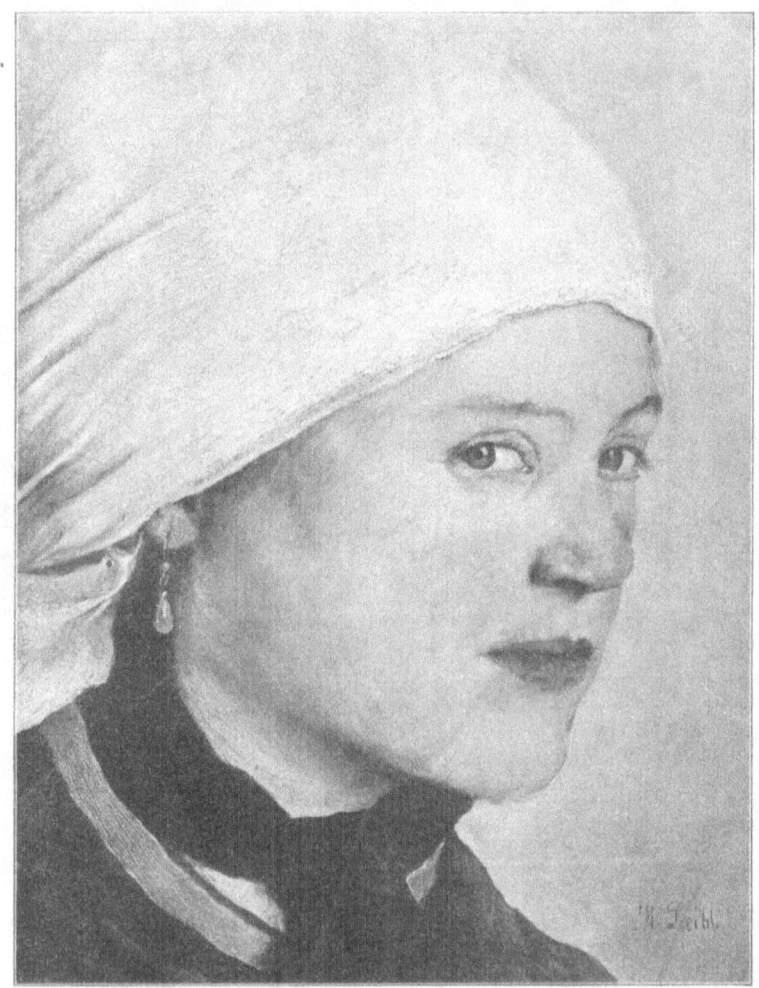

Abb. 26. Bauernmädchen. (Privatbesitz.)

kum gefällt diese Kunst aber, die amüsiert
und unterhält, da ja so vielerlei hier
erzählt wird — und den Lohnschreibern
über Kunst gleichermaßen, denn es läßt sich
über solche Bilder hübsch plaudern, was

dem Ganzen höheren Wert verleiht, so kann
auch das Genrebild in diesem Sinne zum
echten Kunstwerk werden. Die Bilder von
Knaus, die zudem die gemütliche Seite des
Volkes ansprechen, werden deshalb die hohe

Wertschätzung, in der sie stehen, meist behaupten: freilich oft nicht wegen ihres witzigen Gehaltes, sondern trotz desselben. Was aber von minder Begabten auf diesem Gebiete gesündigt wurde und wird, ist betrüblich, indem es den Geschmack der größeren Menge empfindlich verdirbt. Gerade weil Leibl stets alle die Witze und

Lithographien) bäuerlicher Gestalten, gewöhnlich bestimmt, die Kostüme verschiedener Gegenden bekannt zu machen. Unter vielem Minderwertigen ragt eine von dem Münchner Lorenz Quaglio gezeichnete Folge solcher Blätter hervor: hier werden aus den kulturhistorisch beabsichtigten Darstellungen lebensvolle Schilderungen bäuerlicher Typen, in-

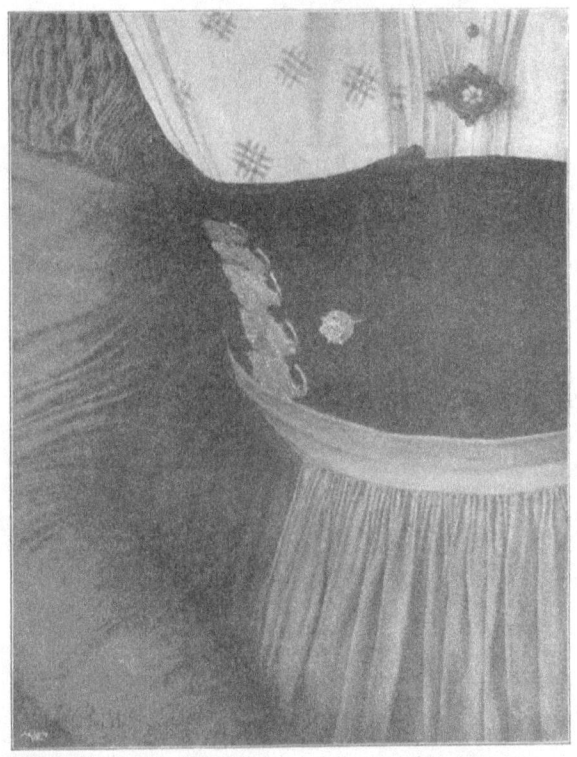

Abb. 27. Kostümstudie. (Berlin, Privatbesitz.)

Witzchen verschmähte, durch die man so leicht und sicher wirkt, hat seine hohe Kunst es stets nur zur Anerkennung Weniger, nie zur Gunst des Publikums bringen können.

Bauernmalerei im Besondern war eine beliebte Abart des Genrebildes geworden. Schon im Beginn des Jahrhunderts hatte sich das Interesse dem bäuerlichen Leben zugewandt. Es gibt aus den ersten Jahrzehnten nicht wenige Sammlungen (meist

dem auch die Umgebung, soweit zur Wirkung notwendig, mit verwendet ist.

Wohl unter dem Eindruck der unermeßlichen Erfolge, die der bäuerliche Roman in Deutschland fand, wandten sich die Künstler mehr und mehr den Darstellungen des ländlichen Lebens zu. Freilich als Städter und allzuoft mit gewisser Geringschätzung, häufig auch eine Sentimentalität in das Dorf verlegend, die dort ganz sicher nicht

zu finden ist, stets aber mit der ausgespro-
chenen Absicht: so oder so ein städtisches
Publikum für einige Augenblicke zu unter-
halten. Was in den Romanen der Familien-
oder Capri für einige Soldi dem Fremden
vorgeführt werden, oder an die Schau-
stellungen wilder Völkerschaften in unseren
zoologischen Gärten.

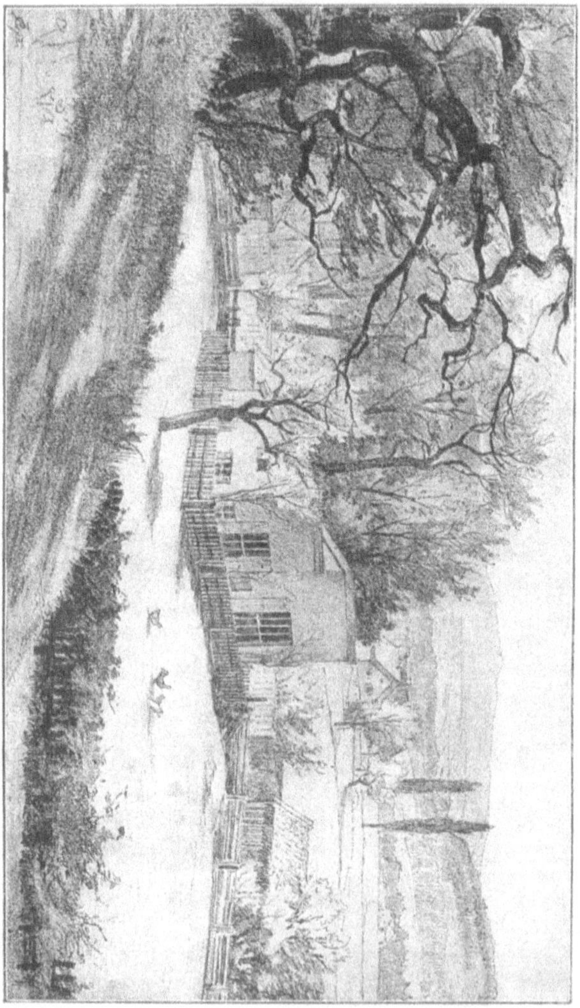

Abb. 28. Eberl: Blick auf Leibls Atelier in Aibling. Zeichnung.

Abgesehen aber von den spekulativen Absichten auf den schlechten Geschmack des
Publikums hat häufig auch direkte Un-
kenntnis des Gegenstandes die Genre-
maler verhindert, ernsthafter zu neh-
mende Bilder zu malen. Denn wie
das Wesen einer Landschaft sich nicht
sofort dem Auge erschließt, sondern ein
lang währendes, immer erneutes Sich-
versenken in die Charakterzüge, die sie
auszeichnen, erforderlich ist, so genügt auch ein kurzer Sommeraufenthalt
im Dorfe, ein gelegentliches Beobachten und das Neh-men einiger Modelle
aus dem Bauern-stande nicht, um wirkliche Bauernbilder zu schaffen. Die eigent-
liche Art dieser Men-schen lernt der Städter
nur selten kennen, da sie sich vor ihm zu-
rückziehen, sich ver-bergen oder anders
geben, als sie sind.
Leibl aber wurde auf den Dörfern, die
er bewohnt hat, so eng mit ihrem Leben,
ihren Sitten, ihrem

journale schon nicht gut zu genießen war,
wurde nun auf der Leinwand für den
feiner Empfindenden vollends unerträglich.
Das Bauernbild, wie es für den städtischen
Geschmack zurecht gemacht ist, erinnert auffällig an die Nationaltänze, die in Neapel
Wesen vertraut, als ob er von Kindheit an
mit ihnen gelebt hätte. Er sah die Bauern
nicht nur in den Stunden der Arbeit, wenn
er sie als Modelle vor sich hatte, er sah sie
abends im Wirtshaus oder in ihren Häusern;
täglich und immer wieder ging er mit ihnen

um, und vor ihm legten sie allmählich die
Scheu ab. Zudem imponierte ihnen der
Maler durch seine gewaltigen Körperkräfte:
ein nicht zu unterschätzender Faktor für den,
der mit bayrischen Bauern leben will. Von
allen Eigenschaften macht ihnen diese allein
wirklichen Eindruck.

Zunächst hatte Leibl einen Ort in Ober-
bayern sich zum Sitz seines Arbeitens er-
wählt. Grafsfing liegt in der Dachauer

Zwei Bauerfrauen sitzen im Wirtshaus und
halten Zwiesprache. Eine alte und eine
junge. Sie schauen einander an und be-
sprechen sich, wobei der Brief, den die
jüngere in der Hand hält, den Inhalt des
Gesprächs abgeben mag. Das ist der einfache
Gegenstand. Der Künstler bedarf der größten Aufbietung malerischer Reizmittel, um
ihn künstlerisch zu gestalten. Die Klarheit
über das Wesentliche der Kunst, nicht das

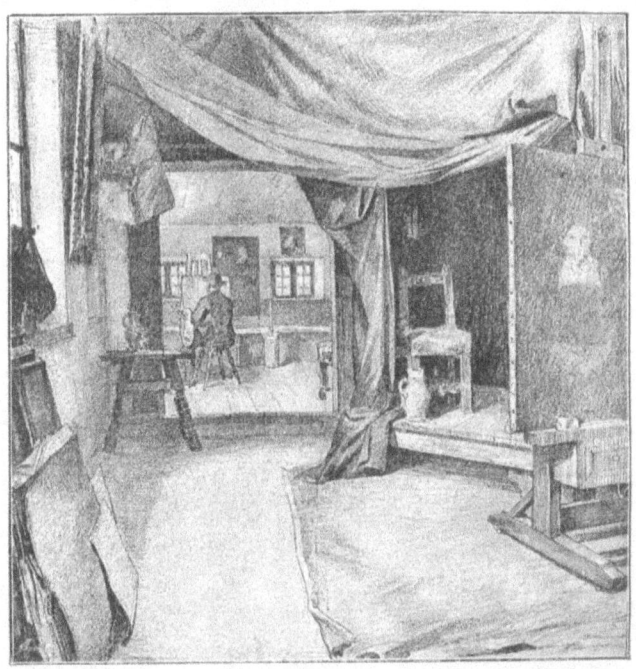

Abb. 29. Leibls Atelier in Aibling. Nach einer Zeichnung von Sperl.

Gegend, die jetzt in der Welt der Künstler als reich an landschaftlichen Motiven
oft genannt ist, zwischen München und
Augsburg. Ein paar Häuser, ein Dorf-
wirtshaus. Das Volk trägt eine schöne,
farbig wirksame Tracht. Das Malerische
in ihren Erscheinungen bot Leibl will-
kommenen Stoff für mehrere Bilder. Von
diesen ist eines jetzt allgemein bekannt, da
es seit einigen Jahren in der Nationalgalerie
hängt — das erste Leiblsche Bild, das für
diese Sammlung erworben wurde (Abb. 18).

Sujet macht die Bedeutung des Werkes aus.
Wieder finden sich im Mittelpunkt große
breite Massen von Schwarz, dem Hauptton
in der Tracht der Frauen. Nicht nur hier,
sondern überhaupt, wo er Schwarz verwendet, — so schon bei der „Cocotte" und
sonst häufig bis auf die Gegenwart — wird
man beobachten, wie fein Leibl Schwarz zu
behandeln versteht. Er gewinnt ihm eine
Reihe malerischer Werte ab, die es beleben;
so wirkt es niemals tot oder undurchsichtig.
Unterbrochen wird es hier von den tief-

roten, leicht mit silbrigem Muster durchzogenen Schleifen, die unter dem hellen,
mit Silberschmuck besetzten Mieder ansetzen.
Die schwarzen, reich gemusterten Strümpfe,
die seltsamen Hauben, unter denen der
Schleier die Stirn überdeckend, hervorguckt,
gehören noch zu dem, was die Eigenart der Tracht dem Künstler an Brauch-

gegen die dunklere Fläche steht; sodann wird
als Gegengewicht gegen das Schwarz der
Kleider die breite Lichtfläche der Wand gewonnen. Diese aber ist dadurch, daß sie
einen stark bläulichen Zusatz erhält, als
Farbe dem dunkeln Hauptwert näher gebracht. Wie nun Leibl diese Wandfläche zu
beleben weiß, wie er alle Feinheiten, z. B.
die Beschattung unterhalb des
Fensters malerisch ausnutzt;
die Klarheit, mit der das
Profil der jungen Frau sich
gegen den Grund, doch ohne
jede Härte, absetzt, das wird
nur der Künstler seinem vollen Wert nach ermessen können. Der Nichtkünstler muß
sich genug sein lassen, ähnliche Versuche bei den Holländern des siebzehnten Jahrhunderts zu studieren, um für
die Leistung, die eine solche
Einzelheit bedeutet, den Maß-
stab zu gewinnen.

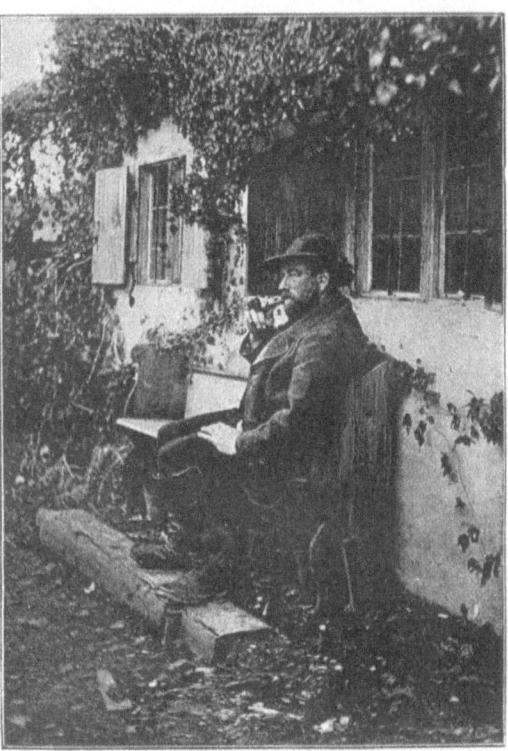

Abb. 30. Leibl vor seinem Atelier in Aibling.
Radierung von Halm.

Indem er nun den Haupt-
accent auf die Durchbildung
des Malerischen legte, vergaß
der Künstler nicht, daß, wo
immer Menschen zu einer
Gruppe bildlich verbunden
werden, eine innere Beziehung
walten muß, um aus dem
Unbelebten etwas Lebendiges
zu machen. Freilich wird ja
in der Beurteilung gerade
des seelischen Ausdrucks, der
in einem Kunstwerk niedergelegt ist, dem subjektiven
Ermessen ein weiter Spiel-
raum gegeben. Aber zwei Gestalten, die gegenübergestellt
sind in ruhiger Haltung,
ohne das Hilfsmittel leb-

barem darbot. Sein größtes Kunstmittel ist
die Benutzung des Raumes und die Belichtung. Die Frauen sitzen so auf der
Holzbank, daß die Silhouette des Oberkörpers der jüngeren sich von der weißgetünchten Wand abhebt, während der Kopf
der älteren Frau gegen die geschlossenen
Holzläden des Fensters gesehen wird. Ein
doppelter Gewinn malerisch! Einmal entsteht ein Wechsel, indem der eine Kopf hell
gegen die größere Helligkeit, der andere

hafter Gesten, die einen Vorgang leicht ver-
ständlich machen, waren sie feiner und ein-
dringlicher zu charakterisieren, als es hier ge-
schehen ist? Die Jüngere hat in der Haltung
etwas Ablehnendes, und dabei scheint sie
doch gespannt dem zu lauschen, was die Alte
ihr sagen wird; und diese, sie lächelt etwas
und legt die Hände zusammen, und wird
auf die Überlegenheit des Alters und der
Erfahrung pochen, wenn sie einen Rat er-
teilt. Man fühlt deutlich: im Augenblick

sprechen sie nicht, aber es ist nur eine kurze
Pause. Der Klang eben gesprochener Worte
belebt gleichsam das Bild.

Leibl hatte ein Bild geschaffen, das in
jeder Hinsicht einen neuen Typus eines gern
behandelten Gegenstandes bedeutete. Gerade

Verbleib dieser beiden Bilder fehlen die Nachrichten) im Frühjahr 1875 im Münchener
Kunstverein ausgestellt und erhielt darüber
Kritiken wie die folgende, die in der „Kunstchronik" (7. Mai 1875) zu lesen ist: „Alle
jene, welche das eminente Talent Leibls

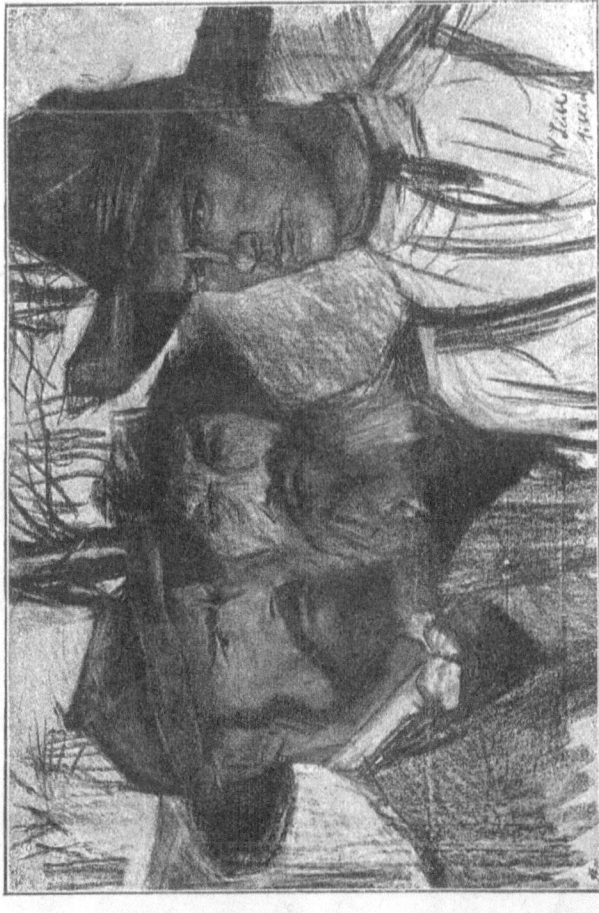

Abb. 31. Wildschützen. Zeichnung. (Privatbesitz.)

das Neue aber, auch daß er so gar nicht
dem Wohlbehagen der Menschen entgegenkam,
schädigte den Eindruck. Der künstlerische
Wert dieser Leistung wurde nicht erkannt.

Leibl hatte dieses Bild zusammen mit
zwei anderen Gemälden verwandten Gegenstandes: „Dachauer Bäuerin mit ihrem Kind"
und „Dachauer Bauernehepaar" (über den

schätzen gelernt haben und es mit der Kunst
ehrlich meinen, stehen betrübt vor seinen
letzten drei Bildern. Sie können darin
nur einen abschreckenden Beweis dafür finden,
wohin grenzenloses Verlangen nach dem
Neuen um jeden Preis auch den begab-
testen Künstler führen kann." Ein anderes
Mal war von Leibls „unbegreiflicher Vor-

liebe für häßliche Dachauer Bäuerinnen"
die Rede.

Ein solch' völliges Mißverstehen, nicht
nur des künstlerischen Wertes des Geleisteten
sondern auch der Absichten des Schaffenden
und das willkürliche Unterschieben von Gedanken, die ihm gänzlich fern gelegen hatten,
sind heute kaum zu begreifen. Wie mußte
dieses einen jungen Künstler, der das Bewußtsein haben durfte, Hervorragendes geleistet zu
haben, verletzen und verbittern! Freilich
gegen ein Bild, wie Grützners gleichzeitig
ausgestelltes „Klosterbräustübchen während
des Gebetläutens" mit seiner durch vielerlei
Witzchen fesselnden Charakteristik, konnten
Leibls Arbeiten nach dem Geschmack von
Publikum und Kritik nicht aufkommen. Dem
entsprach es, daß das Bild der „Dachauer
Bäuerinnen" so lange im Besitz der Fleischmannschen Kunsthandlung in München unverkauft blieb, bis es Munkacsy gegen ein
eigenes Bild umtauschte.

Mißerfolge haben zu keiner Zeit es ver-
mocht, daß Leibl den Mut sinken ließ und
den Glauben an sich und sein Künstlertum
verlor. Er gehörte zu jenen Menschen, die
die Zähne zusammenbeißen und mit doppelter
Energie an die Arbeit gehen, und nur ein
Streben kennen: Vervollkommnung. In
diesem Streben nach Weiterbildung liegt beschlossen, warum die Arbeiten des Künstlers
zu verschiedenen Zeiten einen oft wesentlich
abweichenden Stil zeigen. Gerade in den
Jahren nach Vollendung der Dachauer
Bäuerinnen, etwa zwischen 1875 und 1877,
erfährt die Malweise Leibls eine entscheidende
Wandlung.

Die frühen Arbeiten Leibls, besonders
zu Anfang der siebziger Jahre, sind ungemein
breit angelegt. Oft hat der Künstler auf-
gehört, ehe die glättende Hand die grob
nebeneinander gesetzten Pinselstriche verbunden hatte. In dem Dachauer Bild sind
die Pinselstriche weicher und schmaler,

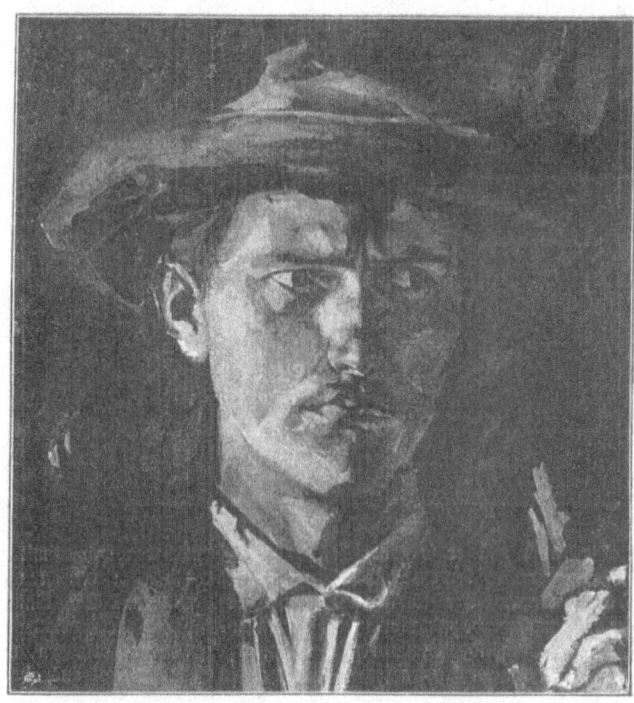

Abb. 32. Studienkopf eines Bauernburschen. (Privatbesitz.)

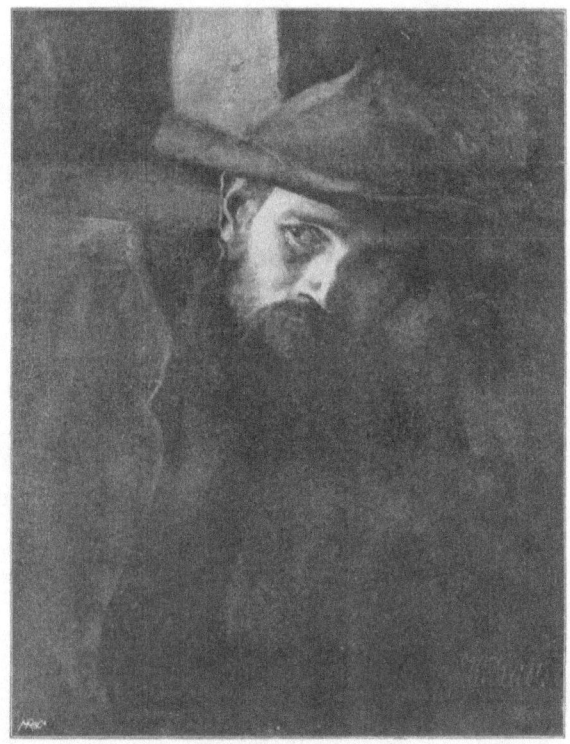

Abb. 33. Aus dem Bild der „Wildſchützen". 1882—1886.
(Berlin. Beſitzer: Kommerzienrat Seeger.)

trotzdem die Malweiſe fleckig bleibt. Es
iſt eine Art der Feinmalerei, die aber den
Charakter impreſſioniſtiſcher Arbeitsweiſe
nicht ganz verloren hat. Von dieſer ent=
fernt ſich Leibl nunmehr um ein beträcht=
liches Stück. Es wird ihm gleichſam Haupt=
ſache, die Spuren der mechaniſchen Arbeit
bis aufs letzte vor dem Auge des Betrach=
ters zu verbergen. Die Bilder der nächſten
Zeit, ſpeciell zwiſchen 1877 und 1880 (als
ungefähre Abgrenzung angenommen), bieten
eine gleichmäßige glatte Fläche, ohne daß
einzelne Pinſelzüge noch zu unterſcheiden
ſind. Eine immer wiederholte Arbeit ver=
ſchmilzt dieſe und ſchafft eine vollkommen
ebenmäßige Oberfläche, an der man auch bei
ſeitlicher Betrachtung gegen die Spiegelung
des Lichtes keine Hebung beobachten kann.

Man ſteht dieſer durchgreifenden Wand=
lung wie einem Rätſel gegenüber. Die
Malweiſe, die Leibl in der Dachauer Zeit
ausgebildet hatte, erſcheint ſo ſehr als der
geeignete Ausdruck ſeiner Abſichten, hervor=
gegangen zugleich aus künſtleriſcher Einſicht
und techniſchem Gereiftſein, daß es völlig
ſelbſtverſtändlich erſcheinen müßte, ſähe man
ihn von nun an bei dieſer beharren. An
ſorgfältigem Vollenden hatte es hier ja
nicht gefehlt; warum jetzt dieſes Darüber=
hinaus, dieſer Schritt bis zur Peinlichkeit,
hervorgerufen offenbar durch höchſt ge=
ſteigerte Anſprüche an den Fleiß, die Aus=
dauer und das Können zugleich?

Es liegt nahe und iſt zweifellos das
Bequemſte, ſolchen Wechſel aus äußeren Be=
weggründen herzuleiten. Der Stil, den
Leibls Kunſtwerke annehmen, erinnert ſo
auffällig an den der älteren deutſchen
Meiſter, beſonders des Hans Holbein, daß
frühzeitig Vergleiche angeſtellt wurden. Dieſe

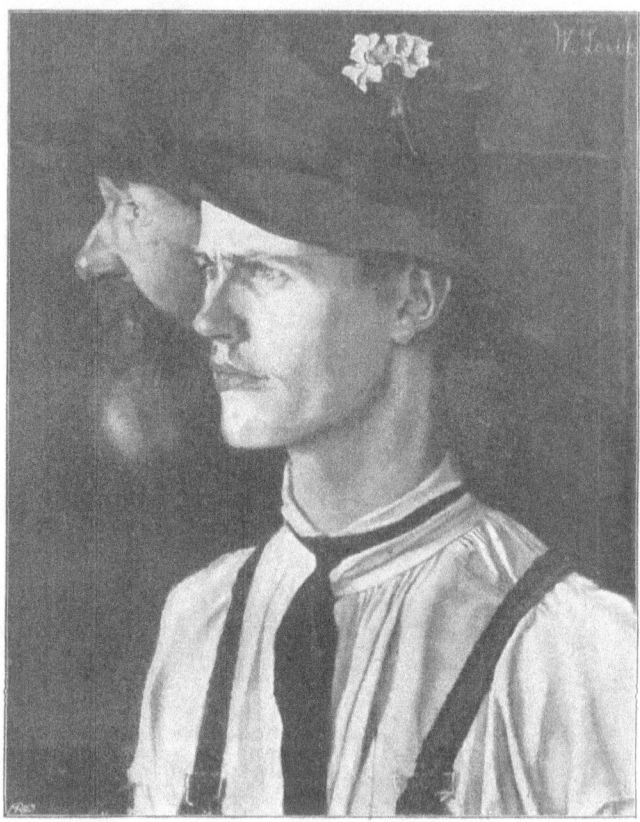

Abb. 34. Aus dem Bild der „Wildschützen“. 1882—1886.
(Berlin, Nationalgalerie.)

drängen sich gleichsam auf. Die Frage aber bleibt unbeantwortet, wieso gerade um diese Zeit Leibl dem Einfluß Holbeins unterlegen sein soll. Fern von den großen Sammlungen, nur ganz vorübergehend in München, hat er jetzt kaum noch Gelegenheit, von alten Bildern Kenntnis zu nehmen, geschweige ihnen so nahe zu treten, um — einerlei ob bewußt oder unbewußt — ihre Weise nachzuahmen. Und er, der schon als junger Mensch sich wenig fremder Art anzupassen imstande war, der von der holländischen Kunst nur so weit berührt wurde, daß er in verwandtem Geist seine Kunst übte, er soll in der Zeit vollkommener Reife seine Selbständigkeit verlieren?

Wenn man durch solche Fragen das Problem umstellt, so überzeugt man sich gar bald, daß die Beeinflussungstheorie auch in diesem Falle verfehlt ist. Bei einem Künstler, der eine starke und eigenwillige Persönlichkeit ist, muß man auch die schwer zu erklärenden Erscheinungen aus seinem Selbst ableiten, auf die Gefahr hin, daß, wie in diesem Fall, nicht alles so schön klar sich ordnet, als bei der Annahme, daß von außen her, den Keimen, die der Wind mit sich trägt, gleich, das Neue zugetragen wurde. Etwas Richtiges aber steckt in dem Vergleiche Leibls mit Holbein. Es trat in diesen Schöpfungen die echte, deutsche Art von neuem auf den Kampfplatz. Intensive

Beobachtung aller Einzelheiten, des Zufälligen, des Wesentlichen wie des Unwesentlichen einer Erscheinung, und die subtilste Nachbildung hatten die Stärke und Eigenart der deutschen Kunst ausgemacht: in Leibl wurden diese Gaben abermals lebendig. Darum konnte ihm jetzt wenigstens Anerkennung in der Heimat nicht versagt bleiben, obwohl auch jetzt noch weniger hier, als im Ausland, besonders in Frankreich, das wesentlich Deutsche, das sich hierin aussprach, klar erkannt wurde.

Für die meisten war die Überraschung um so größer, als sich Leibl „verhältnismäßig selten auf den Ausstellungen einfand. Er selbst hat einmal mit Rücksicht auf diese geäußert, die gründliche Durchbildung eines Bildes sei ihm unendlich mehr wert, als auf einem so großen Bilderjahrmarkte zu glänzen. Daher konnten wohl Jahre vergehen, ehe man eine Arbeit von ihm zu sehen bekam. Der Wechsel wirkte damals noch viel überraschender als heute, wo es der rückläufigen Betrachtung an Bindegliedern, an den Verzahnungen, von denen Nietzsche spricht, nicht ganz fehlt. Als Ausdruck des Staunens mögen folgende Worte eines anonymen Autors hier eine Stelle finden. „Sehen wir ein Bild Leibls," sagt dieser, „so denken wir unwillkürlich an die Zeit zurück, wo wir zum erstenmal vor einem

in vollsaftiger Jugendlichkeit strotzenden Bild des Meisters standen und einen jungen Franz Hals in ihm prophezeiten. Statt dessen knüpfte Leibl dann an die altdeutsche Meisterschaft an. Doch wer weiß," fügte er hinzu, „wie er uns noch wieder überrascht."

*   *   *

Der Wandel in Leibls künstlerischer Auffassung vollzog sich in dem Orte Schondorf, der am Ammersee gelegen ist. In Graßlfing hatte er vielleicht nicht neue anregende Motive finden können; das wenig zusagende Wesen der dortigen Bevölkerung mochte ihm schließlich den Aufenthalt verleiden. Einsamkeit und Stille fand er auch in dem neu gewählten Wohnort, der an landschaftlicher Schönheit ungleich mehr zu bieten hatte, zudem die Möglichkeit gewährte zu fischen, zu jagen, zu rudern: denn Leibls Kraftnatur brauchte zu allen Zeiten physische Anstrengungen, um sich zu erfrischen und für neue Arbeit zu stählen.

Will man sich die Verschiedenheit, die innerhalb einer geringen Zeitspanne in seinen Bildern beobachtet werden kann, besonders deutlich machen, so mag dazu der Vergleich zweier Bildnisse am besten dienen, von

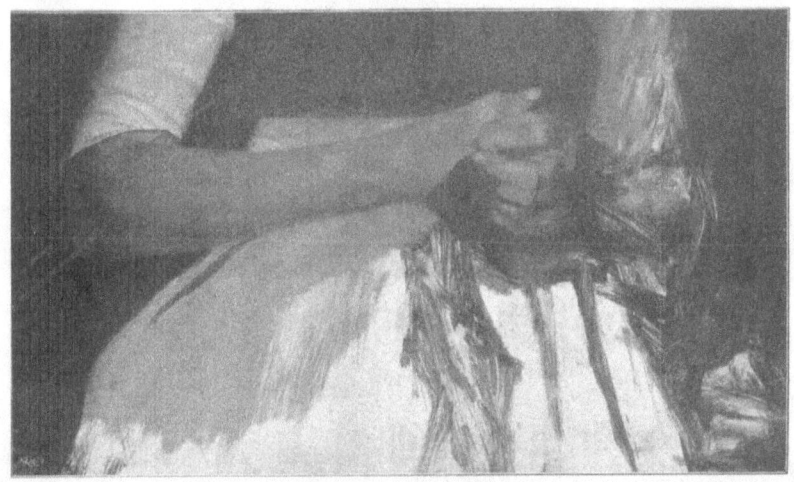

Abb. 35. Handstudie. (Berlin. Besitzer: Fräulein Felicia Kirchdorffer.)

denen das eine den Freiherrn Max von Perfall im Lehnsessel sitzend (Abb. 19), das
andere dessen Sohn in ganzer Figur, während einer Jagdpause, darstellt (Abb. 20).
Daraus aber, daß das aufs feinste durch-
geführte Bild des Jägers früher entstand,
als das in schöner Breite gemalte Porträt
des älteren Herrn — jenes im Herbst 1875,
dieses etwa ein Jahr später — ersieht man,
wie die Wandlung in der Technik Leibls
sich nicht mit einem Mal vollzog.

Bei dem späteren Bildnis ist die Technik
der bei den „Dachauer Bäuerinnen" beobachteten eng verwandt. Sie ist leicht
fleckig, doch so, daß bei geringem Zurück-
gehen bereits die einzelnen Farbflecke sich
verschmelzen. Es ist mehr auf die Gesamtwirkung hingestrebt, wie den Einzelheiten
Rechnung getragen. Dabei fehlt es nicht
an außerordentlich fein beobachteten Kleinigkeiten: so, indem die linke Hand die Stuhllehne umspannt, schiebt sich durch den Druck
das Fleisch des Zeigefingers und ballt sich
rechts und links zu kleinen Polstern zusammen. Die Haltung verbindet glücklich
Zufall mit Berechnung: diese wirkt nicht
aufdringlich, jener aber ist nicht so ausgeprägt, daß er die künstlerische Wirkung
durchkreuzt.

Der moderne Maler hat es schwer auf
dem Gebiete des Porträts mit Ehren neben
den großen Bildnismalern der Vergangenheit zu bestehen. Weder kommt der Reiz
der Tracht ihm zu Hilfe — im Gegenteil
bietet diese vielfach kaum zu bewältigende
Schwierigkeiten —, noch sind die Typen
so ausgeprägt und charaktervoll, wie vor
einigen Jahrhunderten. Der Wettstreit
zwischen der doppelten Pflicht, der gegen
den Besteller, dem zumeist an der Ähnlichkeit
gelegen ist, und der gegen das eigene Gewissen, das den künstlerischen Endzweck
höher stellt, hat sich sicherlich eher verstärkt,
als abgeschwächt.

Innerhalb des Möglichen schuf Leibl
ein Bild, das die Wünsche des Auftrag-
gebers wohl befriedigt haben wird, zugleich
aber dem eigenen Bestreben angepaßt war.
Als Kolorist that er sein Bestes, indem er
mit wenigen Farben, etwas stumpfem Rot-
braun (bei dem Kissen) und Gelb (der
Ledersitz), die Fläche belebte, auch mit Weiß
hier und da die schwarze Kleidmasse unterbrach. Der Kopf mit dem wallenden, stark
mit Weiß durchzogenen Bart erhebt sich
energisch und hell über den dunklen Grund-
farben, und ebenso stehen die Hände, deren
Bildung so trefflich das Charakterbild des

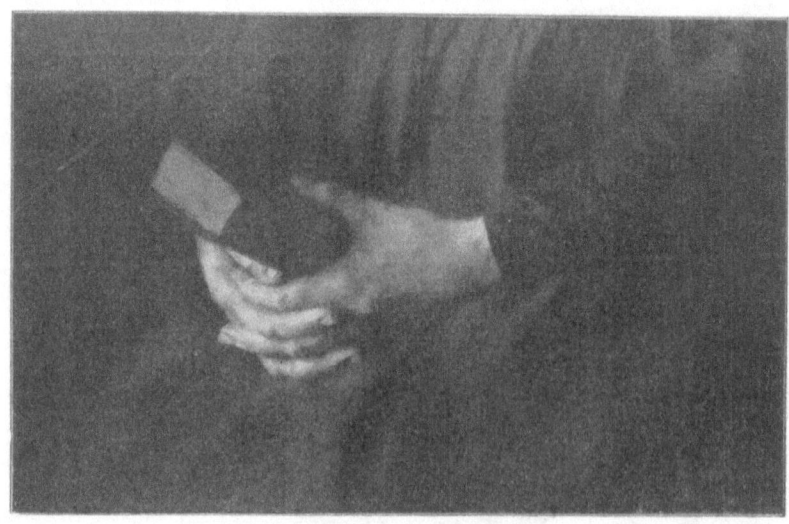

Abb. 36. Handstudie. (Berlin, Privatbesitz.)

Kopfes unterstützt, hell gegen die gedämpften Werte. Die Ruhe, die man am schwersten bei dem Bildnis vermißt, die Lebendigkeit, die gleichsam von innen heraus uns entgegenströmen muß und durch das Leben im Auge vermittelt werden soll, halten sich glücklich das Gegengewicht.

Auf dem Bildnis des Jägers aber ist durch eine rein zufällig und gelegentlich eingenommene Stellung eine Steigerung der Wirkung, eine höchste Lebhaftigkeit angestrebt. Dem Zufälligen ist dabei vielleicht eine zu starke Mitthätigkeit eingeräumt; was im ersten Augenblick frappiert, mag bei längerer Betrachtung gar leicht ermüden. Bei einer Komposition kann die Wiedergabe des Augenblicks wohl gewählt werden, der dem Einzelbildnis, das auf eine gewisse monumentale Einfachheit hingearbeitet sein muß, entschieden schädlich ist. Man darf sagen: je einfacher ein Bildnis ist, desto besser ist es.

Wenn nun Leibl den flüchtigen Sinneseindruck, den das Bildnis wiedergeben soll,

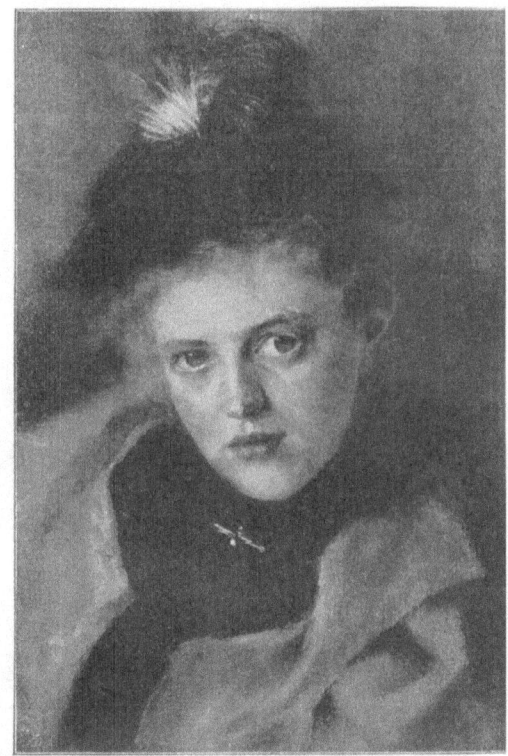

Abb. 37. Bildnis. (Rosenheim, Privatbesitz.)

dadurch ausgedrückt hätte, daß er breit das Ganze herunterstrich, so vermochte er ihn wohl auf den Betrachter zu übertragen. Im Gegenteil aber ist hier jene peinliche Durchführung gewählt, die nur mit der größten Sorgfalt und mit vielen Sitzungen zu erreichen ist. Hierdurch entsteht — nach einem subjektiven Empfinden, das nicht verhehlt werden darf — ein innerer Widerspruch zwischen der Konzeption und der Ausführung, der dem Eindruck nicht günstig ist.

Sieht man hiervon ab, so können die treue Beobachtung und die liebevolle Hingabe, die der Künstler hier bewiesen hat, nur mit Worten ungeteilten Lobes beantwortet werden. Man darf füglich behaupten, daß z. B. der rechts stehende Weidenbaum, dessen feines Geästel gegen den grauweißen Himmel sich abzeichnet, ein Wunderwerk an Feinarbeit ist, ohne doch einen Augenblick

als selbständiger Faktor hervorzutreten und die Gesamtwirkung zu schädigen. Die Landschaft, der still sich weitende See, die Wiesen drüben und die fern in Dunst verschwimmende Bergkette, das ruhige Grün des mit Blumen bestandenen Bodens im Vordergrund geben der kraftvollen Gestalt des jungen Mannes die reizvolle Umgebung. Fest und sicher zeichnen sich die Konturen in der Luft, ohne daß jene übertriebene Plastik, die an die derbe Wirkung der Dioramen erinnert und beim Publikum nie verfehlt, Eindruck zu machen, störend bemerkt würde.[*]

Ähnliche Beobachtungen mag man anstellen, wenn man die verschiedenen Darstellungen bäuerlicher Scenen, die damals entstanden sind, so die Bilder „Ungleiches

*) Über die Entstehung des Bildes hat der Dargestellte in der „Jugend" 1901 Nr. 3 seine Erinnerungen mitgeteilt.

Paar" (Abb. 21) oder „Der Sparpfennig" (Abb. 22) mit den „Dorfpolitikern"
(Abb. 23) sorgfältig vergleicht. Die beiden
erstgenannten sind technisch dem Bild der
„Dachauer Bäuerinnen" oder dem Bildnis
des älteren Perfall nahe verwandt. Selbst
in den Reproduktionen vermag man den

kann, wie verschieden der Künstler ein ver-
wandtes Thema zu behandeln wußte. Einen
völlig anderen Eindruck erzielt er allein
durch die veränderte Belichtung des Grundes,
so daß hier die Konturen klar sich von der
hellen Wand abzeichnen, dort weich und mit
großer malerischer Schönheit mehr mit dem

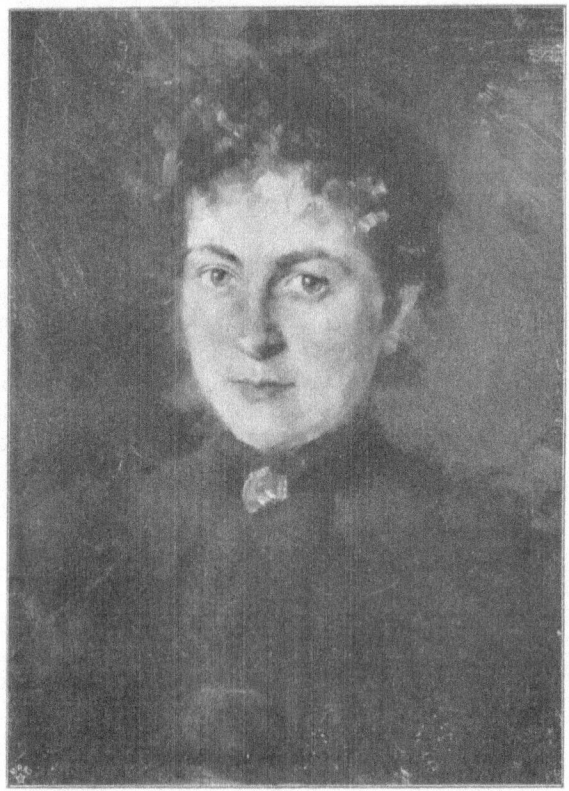

Abb. 38. Bildnis des Fräulein Felicia Kirchdorffer. (Privatbesitz.)

weichen Farbenauftrag, der eine gleichsam
flimmernde Oberfläche schafft, zu erkennen.
Je zwei Figuren sind zu einer Gruppe
verbunden, hier geschlossen, dort etwas
lockerer, auf dem einen Bild in einer bei
Leibl sonst durchaus fremden Weise zum
Beschauer gewendet, auf dem anderen ohne
jede Beziehung auf ein Publikum. Sie sind
darum besonders interessant, neben einander
und in Vergleich gestellt, weil man sehen

Hintergrund verschmolzen sind. Auch das
Lineare bietet ungemeinen Reiz, wenn man
sich bemüht, den Absichten des Künstlers
nachzugehen (was jede ernsthafte Kunstbetrach-
tung in erster Linie thun sollte). Man
wird große Kühnheiten, wie auf beiden Bildern das Durchschneiden eines Armes durch
den Bildrand, beobachten. Dem Landschafter
gleich, der einem Motiv, in das er immer
tiefer einzudringen weiß, stets neue Schön-

heiten entlockt, versteht es Leibl, bei geringem Wechsel des Gegenstandes, sich neue Aufgaben zu stellen.

Das Bild „In der Schenke" hat dann wiederum ein Schicksal gehabt, wie mehrere andere Arbeiten Leibls. Franz von Defregger erwarb es von einer Münchener Kunsthand-

gesellschaft" (Abb. 13) hatte er nicht so zahlreiche Figuren auf einem Bilde vereinigt. Im Frühjahr 1876 begann er es und arbeitete daran mit leidenschaftlicher Anstrengung den Sommer hindurch. Wann er fertig wurde, läßt sich genau nicht feststellen, aber es scheint, daß die Vollendung mehr als ein

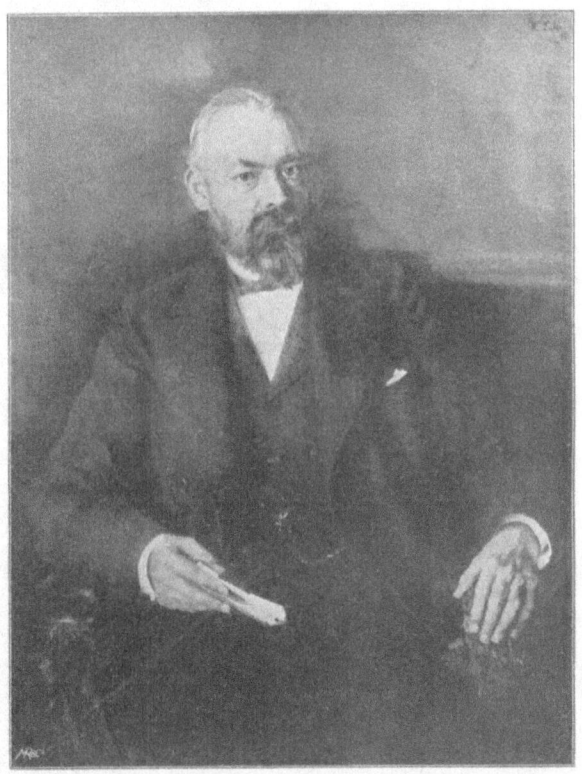

Abb. 39. Bildnis des Kommerzienrats Seeger. 1896.
(Berlin, Privatbesitz.)

lung durch Tausch gegen eine eigene Arbeit. Er hat es bis auf die Gegenwart in seinem Hause bewahrt — ein Beweis dafür, welche Anerkennung ein Künstler, der seinen Ruhm zum Teil mit stofflich verwandten Bildern begründet hat, für die großen Qualitäten Leiblscher Kunst besitzt.

Die „Dorfpolitiker" (Abb. 23) sind kompositionell die bedeutendste Arbeit, die Leibl in Schondorf ausgeführt hat. Seit der „Tisch-

Jahr beanspruchte. Ausgestellt wurde es zuerst im Dezember 1877 in München.

In einem Brief an seine Mutter äußerte sich Leibl über den Gegenstand, wie folgt: „Mein Bild stellt fünf Bauern vor, die in einer kleinen Bauernstube die Köpfe zusammenstecken, vermutlich wegen einer Gemeindesache, weil einer ein Stück Papier, welches aussieht, wie ein alter Kataster, in der Hand hält. Es sind wirkliche Bauern, weil ich sie alle möglichst treu nach der Natur male, auch die Bauernstube ist eine solche, weil ich das Bild in derselben male; zum Fenster hinaus sieht man noch ein Stück vom Ammersee."

in zwei Gruppen. Die eine hat zum Mittelpunkt den Vorlesenden. Sein Nachbar zur Linken ist sehr eifrig bei der Sache; er hat die eine Hand auf den Stock gelegt, damit eine Stütze für das Kinn gewonnen,

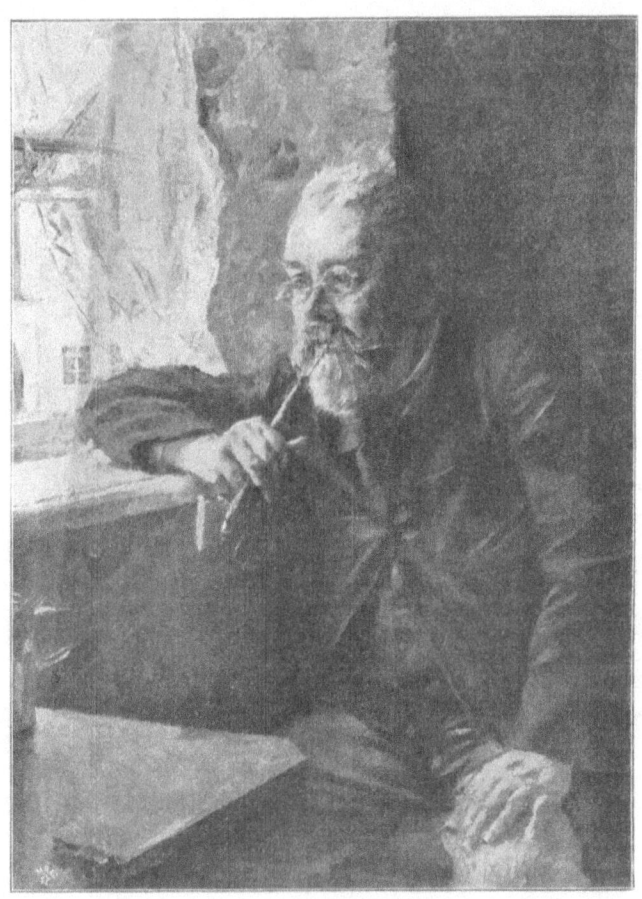

Abb. 40. Der „Kleinstädter". 1894. (München, Neue Pinakothek.)

Man lernt in dem Bilde die Hauptpersonen des Dorfes kennen. Der Künstler charakterisiert sie fein, wenn auch ohne starke Mittel; ohne daß sie reden, ohne daß sie gestikulieren, vor allem ohne daß sie mit dem Beschauer liebäugeln. Die Mittellinie des Bildes trennt die Komposition fast genau

und versucht mit eigenen Augen zu verfolgen, was da schwarz auf weiß steht. Der andere zur Rechten, offenbar der Gasthofswirt, ist gleichfalls mit dem Blick der Vorlesung gefolgt, ohne den gleichen Eifer zu verraten. Drüben aber ist einer ganz gespannt. Ihm wird das Folgen offenbar

etwas schwer', trotzdem er so ein höllisch
psissiges Gesicht macht. Stark vorgeneigt
mit dem Oberkörper, stützt er die Füße nur

einander. Die Sache ist für ihn von höchstem Interesse.

Der, der zwischen ihm und jener Gruppe

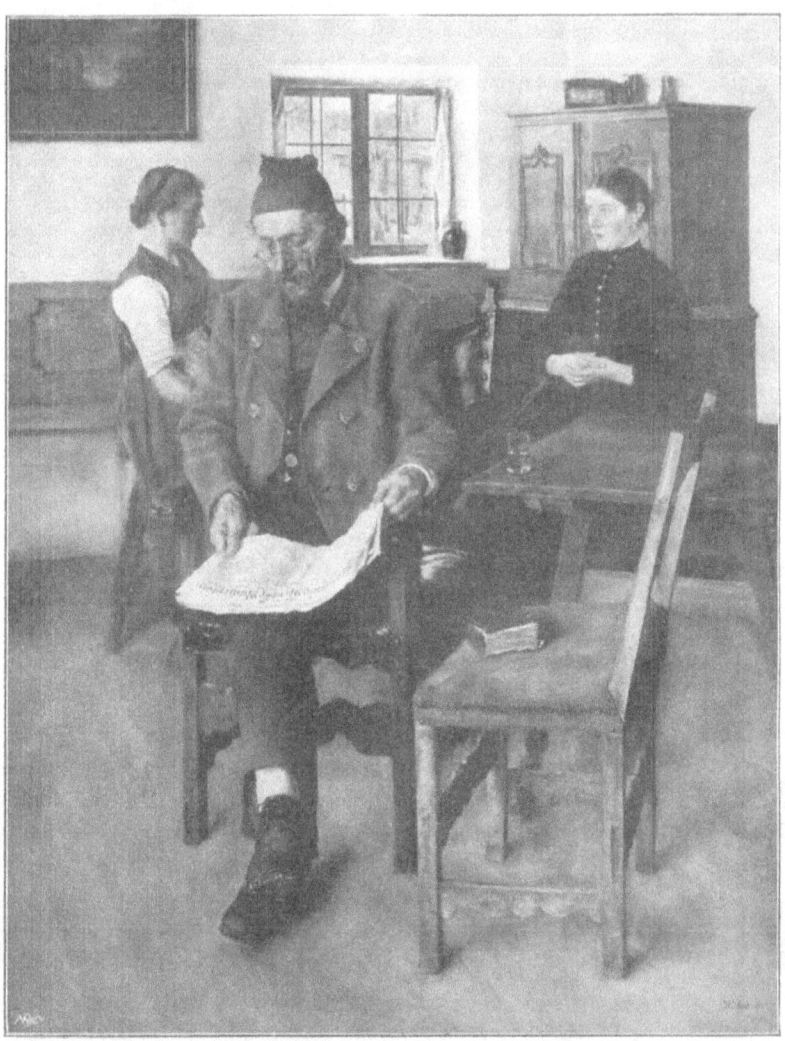

Abb. 41. Der Zeitungsleser. 1891. (Barmen. Besitzer: Fabrikbesitzer Tölle.)

mit den Ballen auf den Boden, so daß
die Hacken aus den Klappschuhen sich heraus-
heben; die Hände hat er verschränkt und
dreht mechanisch langsam die Daumen um

sitzt, interessiert sich nicht weniger für den
Inhalt des Papieres. Unter halb gesenkten
Lidern blickt er scharf auf das Blatt hin-
über — nicht auf den Lesenden, wohl be-

achtet —; sein hartes Gesicht ist unbewegt; fest ruhen, übereinander gelegt, die Hände auf dem Stock, die Gestalt ist steif aufgerichtet: Er ist noch zurückhaltender, wie es unter den wortkargen Dörflern üblich ist; er bedeutet etwas unter ihnen; an Erfahrung, natürlichem Verstande, an klarem Erfassen praktischer Dinge ist er ihnen ebenso überlegen, wie an Vermögen. Er ist offenbar die Hauptperson von den fünfen. Als solche wird er auch durch den Platz innerhalb der Komposition charakterisiert. Wenn er zu reden beginnt, werden die anderen alle ihre Blicke von dem Papier wegwenden und an seinem Munde hangen. Was er dann vorschlägt zu thun, wird befolgt. —

So sehr scheint das Bild eines Augenblicks festgehalten, daß man zunächst darüber vergißt, wieviel an feiner Berechnung künstlerischer Art aufgewendet wurde. Gelegentliche Beobachtung gab wohl die Anregung; aber erst unter allmählichen Versuchen schloß sich die Gruppe so eng zusammen. Denn es ist klar, wie nur ein tiefes Versenken in den Gegenstand, immer von neuem kontrolliertes Beobachten und Erproben stattgefunden haben müssen, ehe die Hand von dem Bilde abließ. Die malerischen Feinheiten allein verraten eine Unsumme aufgewendeten Studiums. Wiederum gibt die Umgebung, so einfach sie ist, zur Entfaltung des erstaunlichen Könnens die Gelegenheit. Die reichen Übergänge von halbem Dämmerlicht bis zur klaren und kalten Belichtung beleben die weiße, ganz kahle Wandfläche, die nur in der Ecke durch den aufgehängten Rock unterbrochen ist. Die Beleuchtung schließt malerisch die Gruppen in der gleichen Weise zusammen, wie die Komposition: die drei Männer an der Fensterseite sind mehr verschwimmend, weicher behandelt, während die beiden anderen von dem voll auf sie fallenden Licht getroffen werden, so daß alle Einzelheiten der Köpfe, der Hände mit schärfster Deutlichkeit sich zeichnen. Daher ist die Verbindung der zwei Manieren Leibls hier zu beobachten.

Es sind auffallend viel neutral wirkende Werte zusammengenommen. Das Blau und Braun in den Röcken scheint kaum farbig, so stumpf sind die Nüancen gewählt. Dazwischen tritt nur das Rot in den Westen der Bauern kräftig, fast leuchtend hervor. Die große weiße Fläche der Schürze des Wirtes stört etwas und zerreißt die schöne Gesamtwirkung, in der Reproduktion freilich erheblich mehr, als auf dem Original.

Ist die künstlerische Arbeit in der Gruppierung der Gestalten und dem Anordnen der Körper enthalten, wobei, ohne daß die Natürlichkeit leidet, Härten thunlichst vermieden werden, so verlangt die Ehrlichkeit Leibls, sein Respekt vor der Natur, daß er nicht nur die Zufälligkeiten der Haltung und des Sitzens, wie der Züge getreu wiedergibt: auch das Nebensächlichste ist ihm nicht gleichgültig, und wenn eines seiner Modelle z. B. im blauen Strumpf weiße Hacken eingeflickt trägt, so muß auch dieses auf das Bild. Wer heute das Schondorfer Wirtshaus aufsucht, findet jetzt dort — so wurde mir erzählt — die große Photographie der „Dorfpolitiker" in der Stube hängen, die das Bild entstehen sah. Der Wirt erzählt dann: ja gerade solche Strümpfe hat der dort immer getragen.

Es ist dieser kleine Umstand für Leibls Art überhaupt bezeichnend. Er ändert nicht an dem, was er sieht. Er will nicht verschönen; es kommt ihm nicht einmal der Gedanke daran. Man hat ihm aus dieser Sorgfalt, anstatt sie anzuerkennen, einen Vorwurf gemacht. Der Künstler selbst hat Tadlern gegenüber geantwortet: „Stört doch manches auch in der Natur; nun, so mag es auch im Bilde stören"; Worte, die sein künstlerisches Bekenntnis enthalten und die Kunst Leibls am besten erläutern.

*   *   *

Bald nach Vollendung des „Bauernbildes", im Dezember 1877, siedelte Leibl für etwas längere Zeit — etwa dreiviertel Jahr — nach München über. Bevor der Ruhm an seine Thür klopfte, hatte er die vielleicht niederdrückendsten Stunden seines Lebens durchzukämpfen. Mit dem Bewußtsein, Großes geleistet zu haben, für das erst eine kommende Zeit die richtige Bewertung finden würde, sah er seine Mittel völlig erschöpft und sich dem Elend ausgesetzt. Seine Lage war so prekär geworden, daß er nach Hause schrieb, man solle ihm die goldene Medaille, die er einst in Paris erhalten hatte, schicken, um sie zu verkaufen. Es ist völlig wahr, was gelegentlich mitgeteilt wurde, daß er damals Porträts für

hundert Mark gemalt hat, damit er sich
über Wasser halten konnte.

Dergleichen Intimitäten aus dem Leben
eines Künstlers haben für die Beurteilung
seiner Kunst keinen Wert. Sie sind aber
deshalb bedeutsam, weil sie klarstellen, wohin selbst ein hervorragender Künstler durch

bezahlt werden (was ungefähr nach zwanzig
Jahren eingetroffen ist). Während er über
seine nächste Zukunft im Ungewissen war, hat
er mit größter Sorgfalt eine seiner vollkom-
mensten Zeichnungen ausgeführt, die „lesende
Frau", jetzt in Leipziger Museum (Abb. 24).

Im Frühjahr 1878 gelangte an ihn

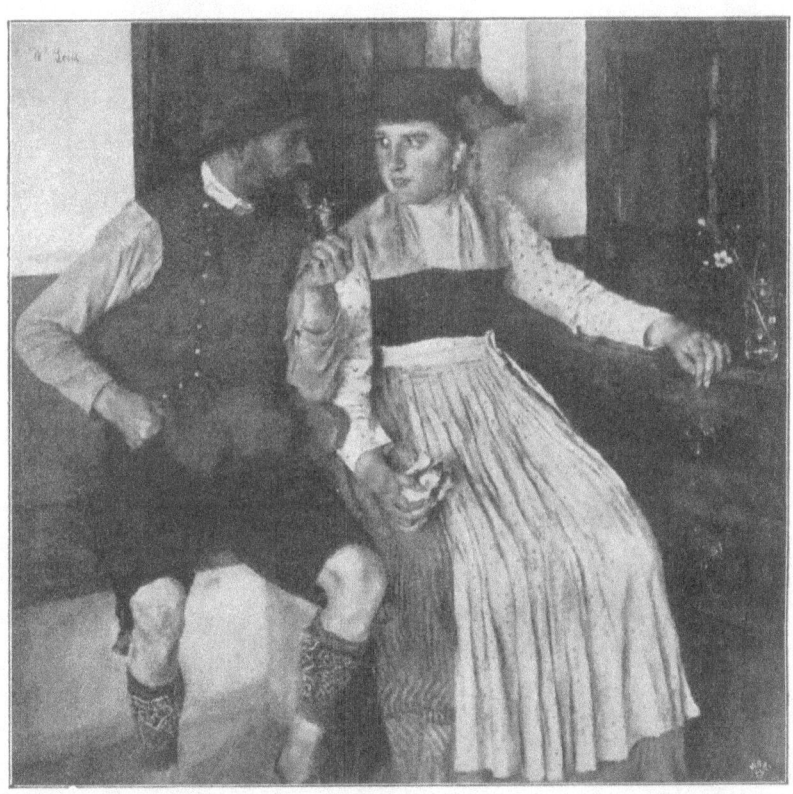

Abb. 42. In der Bauernstube. (München, Neue Pinakothek.)

die Urteilslosigkeit von Presse und Publikum
gebracht werden kann, sobald einer mit der
schlimmen Gabe der Eigenart sich vorstellt.
Was damals 1878 in München mit Leibl
geschah, kann sich immer wiederholen.

Trotz seiner schlimmen Lage ging Leibl
auf verschiedene Angebote, die ihm auf sein
Bild gemacht wurden, nicht ein; er fühlte,
was es wert war. Ahnend schrieb er, es würde
vielleicht noch einmal mit 50 000 Gulden

die Aufforderung, sich an der Pariser Aus-
stellung zu beteiligen. Nur wenig deutsche
Künstler wurden damals so ausgezeichnet.
Leibl sandte sein Bauernbild und das Por-
trät des alten Barons von Perfall. Lorenz
Gedon besorgte das Hängen der Bilder:
dem Bauernbild gab er den Ehrenplatz im
Mittelpunkt der deutschen Abteilung, zwischen
Arbeiten von Menzel und Gebhardt. Wieder
bereitete die Pariser Kritik dem Künstler

alle Ehren; man hatte hier das volle Ver-
ständnis für so hohe Qualität. Der Maler
Stevens sandte Leibl durch Gedon eine Rose
und bot ihm sein Atelier an, falls er nach
Paris kommen wolle. Er und Munkacsy
wollten das Bild kaufen; der amerikanische
Mäcen Stewart kam ihnen zuvor und er-
stand es für 15000 Franken. Bis vor
wenigen Jahren hat es dann dieser berühmten Sammlung moderner Bilder angehört
und wurde mit ihr 1898 versteigert.

Das städtische Leben sagte Leibl bald
nicht mehr zu. Er schrieb damals an die
Mutter: „Ich habe die Berühmtheit vollkommen satt und freue mich, in der Stille
des Landlebens ein anderes Bild anzufangen
und mit Fleiß und Bescheidenheit auszu-
führen. Die ewige Lobhudelei und das
geräuschvolle Treiben der Welt sind nicht
dazu angethan, mir in Ausübung meiner
Kunst zu nützen." Im Herbst 1878 hatte
er sich in Berbling niedergelassen.

*   *   *

In jedem Künstlerleben stellt e i n Werk
gleichsam die Gesamtsumme dessen vor, was
diese Persönlichkeit hervorzubringen im stande
war. Nicht nur eine besonders glückliche
Disposition scheint vorgewaltet zu haben;
auch die Kräfte stellen sich in der Steigerung
dar, angespannter, unabläßiger; den glücklichen Augenblicken des Entwerfens folgte
die langwährende Zeit sorgfältigen Aus-
führens, ohne die Fähigkeiten, wie es häufig
geschieht, zu lähmen.

Man kann im Leben Leibls für das
„Kirchenbild", genauer gesagt für das Bild
der „Frauen in der Kirche" (Abb. 25),
solche Bedeutung in Anspruch nehmen, wie
es denn von seinem ersten Erscheinen an
bis auf die Gegenwart von der Gunst auch
eines größeren Publikums begleitet worden
ist und das einzige Bild heißen mag, das
für den Namen des Künstlers eine gewisse
Vorstellung bei einem weiteren Menschen-
kreise erweckt. Die feinere Kritik, ob sie
nun bei dieser Bewertung stehen bleiben
wird oder nicht, wird dieser Arbeit doch
stets nachzurühmen haben, daß sie durch
konsequente Benutzung der natürlichen Gaben
zu einer seltenen Durchführung gebracht
wurde, indem zugleich ein sympathisches
Motiv, glückliche Gruppierung und gewählte

farbige Behandlung zur Steigerung des Ein-
drucks zusammenwirken.

Als dieses Werk entstand, hatte Leibl
sich zum erstenmal in denjenigen Teil Ober-
bayerns begeben, der von nun an sein
dauernder Wohnsitz wird, in die Gegend von
Aibling. Wer die Brennerbahn von München
aus benutzt, läßt dieses wenig bekannte, an
großen Reizen arme, an seinen landschaftlichen Schönheiten reiche Gebiet bei Rosenheim rechter Hand liegen. Eine Zweigbahn
führt von hier in der Richtung nach Aibling zu, in etwa paralleler Richtung mit
dem Kaisergebirge laufend, dessen vielzackige
Bildung den Blick nach Süden zu begrenzt.
Das fruchtbare Land, das überall, soweit
das Auge schauen kann, mit Baumgruppen
übersät erscheint, hebt sich ganz langsam, in
sanften Linien ansteigend, zum Fuß des
Gebirges hin. Etwa in südlicher Richtung
von Aibling liegt der kleine Dorfflecken Berbling; wenige weiße Häuser mit einem hell-
schimmernden Kirchlein. Dort ist das Kirchenbild entstanden.

Leibls Natur erforderte Arbeit und zwar,
wie man beobachten kann, steigert er zu
einer gewissen Zeit ständig die Ansprüche
an seine Kräfte. Während ein Gemälde im
Fortschreiten begriffen ist, glaubt er wirklich
etwas geleistet zu haben, bis das Vollendete
seinen Selbstforderungen nicht mehr genügt
und er sich vornimmt, über das letzte Werk
einen Schritt hinaus zu thun.

Äußere Momente mögen die Wahl des
Ortes bestimmt haben. In Berbling lebte
ein Pfarrer, mit dem er von früher her bekannt war, der ihn zu kommen einlud und seine
Aufmerksamkeit auf die prächtigen Gestalten
in der dortigen Bevölkerung, auf die schönen
Trachten, die sich hier erhalten haben, lenkte.
Leibl war erstaunt, als er nach Berbling
kam, daß noch kein Maler diese Reichtümer
gehoben hatte. Seine Beziehungen zum
Pfarrer ließen das Mißtrauen, das dörfliche Bevölkerung für lange Zeit gegen den
Städter empfindet, rascher schwinden, ver-
halfen ihm dazu die geeigneten Modelle zu
bekommen und vor allem: sie gaben ihm die
Möglichkeit das ganze Werk in der Kirche
selbst zu malen.

Es war für Leibl ein schmerzlicher Ver-
lust, daß der Pfarrer bald nachher starb.
Zu der Sorge, daß sein Nachfolger ein
kunstfeindlicher Mann sein und das Malen in

der Kirche verbieten würde, kamen die Schwierigkeiten, die ihm dörfliche Mißgunst einiger,
die seinen Modellen den Verdienst nicht gönn-
ten, bereitete. Zum Glück kam es nicht zu dem
Verbot, und wenn auch unter vielen Miß-
helligkeiten, konnte Leibl das Bild beenden,
wo er es begonnen hatte. Mit unbedeu-
tenden Unterbrechungen während der Winterszeit, wo die bittere Kälte in der Kirche ihm

malerische Wirkung anzustreben, darüber das
Detail aber zu vernachlässigen, hielten ihn
seine künstlerische Richtung und die peinliche
Gewissenhaftigkeit, der am meisten für ihn
bezeichnende Charakterzug, ab. Sein letztes
Streben ging darauf hin, das Bild genau
so, wie er es vor Augen hatte, und ohne
die kleinste Nebensache unberücksichtigt zu
lassen, dem Beschauer vor Augen zu stellen.

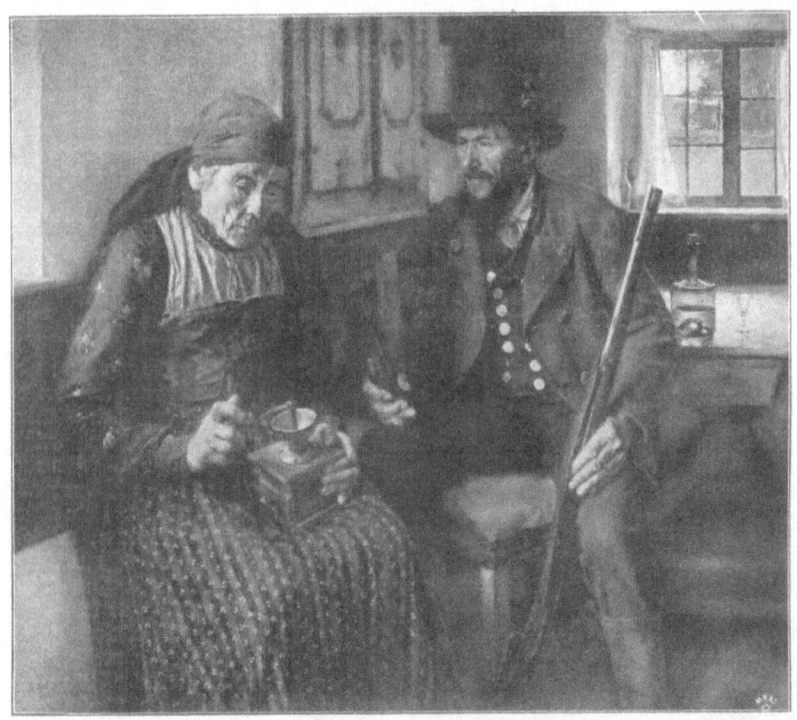

Abb. 43. Bauernjägers Einkehr. 1893. (Berlin. Besitzer: Kommerzienrat Seeger.)

die Arbeit unmöglich machte, hat er trotz
angestrengter Thätigkeit volle drei Jahre
daran gemalt. Ende Oktober 1881 war
er fertig.

Leibl hatte sich noch niemals eine Aufgabe gestellt, die so viele Schwierigkeiten
darbot — er, der solchen doch nicht aus dem
Wege zu gehen pflegte. Drei Gestalten in
verwandter Stellung, in die gleiche Beschäf-
tigung versenkt; dazu eine gänzlich nüchterne
Umgebung. Von dem Versuch eine tonige,

Der Gegensatz des Alters und die daraus
sich ergebenden Eigenschaften der Erscheinung
mußten eines der Wirkungsmittel abgeben.
Die alten Meister haben des öfteren Personen verschiedener Altersstufen zu einer
Gruppe vereinigt, die sie dann als „Lebens-
alter" in die Welt sandten, weil sie den
Reiz solcher Zusammenstellung, vorzüglich
der Vereinigung blühender Jugend und des
Alters, wohl zu schätzen wußten. Auf dem
Kirchenbild wirkt der Kopf des jungen Mäd-

chens darum so hell und glatt, so jungfräu-
lich herb, weil das Auge zugleich die zwei
runzligen Köpfe daneben gewahr wird; und
diese wieder scheinen noch verfallener, ge-
furchter, ihre Haut noch lederartiger durch
die Nebeneinanderstellung. Die selbst in
der Andacht straffe Haltung des Mädchens
wird besonders wirksam, weil die Großmutter
ihr zunächst in sich zusammengesunken ist:
nicht allein, da sie sich tief über das Gebetbuch beugt; vor allem haben die Jahre
den Rücken gekrümmt. Die letzte der Frauen
aber verrichtet kniend, doch aufgerichtet ihre
Andacht; sie ist alt, doch noch nicht ge-
beugt; sie steht an Jahren in der Mitte
zwischen den beiden anderen. Zu verfolgen,
wie fein in allen Einzelheiten die Ab-
stufung ausgedrückt ist, macht nicht den ge-
ringsten Reiz des Bildes aus.

Zugleich gewinnt der Künstler durch die
Verschiedenheit der Haltung auch den not-
wendigen Wechsel der Linien. Keine Figur
durfte die andere soweit decken, daß das
körperliche Motiv an Klarheit verlor; dabei

mußten sie doch alle nebeneinander auf der
gleichen Bank vereinigt werden, damit die
Komposition nichts an Geschlossenheit ein-
büßte. Durch das Sitzen der ersten, das
Knieen der hinteren Gestalten wurde der
Zweck vollauf erreicht. Die letzteren sind
mehr miteinander vereinigt, das junge Mädchen, der stärkste künstlerische Faktor, erscheint etwas isoliert. Die Linien ihres
Oberkörpers zeichnen sich klar vom Grund
ab, sie ragt am weitesten innerhalb der
Bildfläche nach oben. Der Hauptaccent ist
nach vorn gelegt und es tritt nach dem
Grund zu ein allmähliches Abschwellen ein.
Hier aber hat Leibl wieder den Wechsel
wirksam gemacht. Das klar gezeichnete Profil
der dritten Gestalt, auch daß ihre zusammen-
gelegten Hände, im innigen Gebet erhoben,
im Umriß gegen die weiße Wand gesehen
sind, ist so notwendig für die Komposition,
daß man sich nicht die leiseste Abweichung
vorstellen kann.

Das Studium der farbigen Ausführung
wird zu ähnlichen Resultaten führen. Die
hellsten Werte sind auf die
vordere Figur vereinigt: die
weiße Schürze, eine breite
(wenn auch durch viele Falten
belebte) Fläche, das weiße
Busentuch geben, zusammen
mit der lichten Färbung des
Gesichts und der Hände mehr
neutrale Lichtwerte, als ir-
gendwo sonst auf dem Bilde
zu finden sind. Zum Aus-
gleich wird dafür der Oberkörper des Mädchens gegen
die dunkle Empore gesehen,
während die letzte Gestalt, in
der dunkelsten Tracht, wie
schon bemerkt, sich gegen
die weißgetünchte Wand abzeichnet.

Wird man sicher in solchen
Einzelbeobachtungen allein
das Walten des künstlerischen
Geistes feststellen können, da
man den Absichten eines
Künstlers nachgehen muß, um
in seine Werkstatt Einblick zu
erhalten, so mag darum der,
dessen Anschauungsweise mehr
litterarischer Art ist, nicht zu
kurz kommen. Über das Ver-

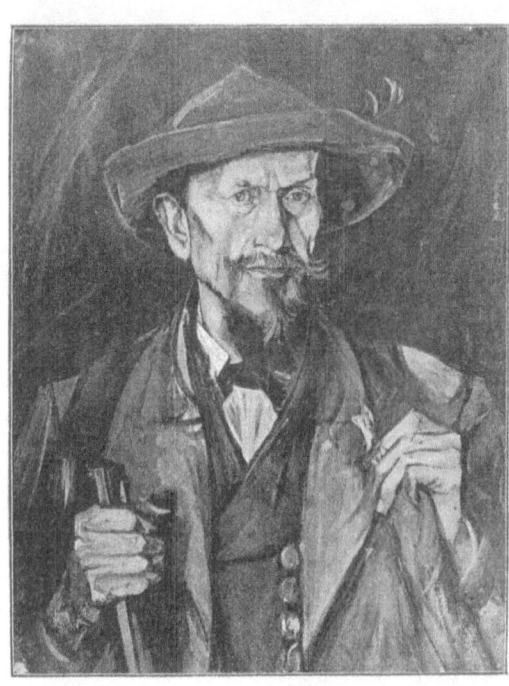

Abb. 44. Studie eines Gemsjägers. (Privatbesitz.)

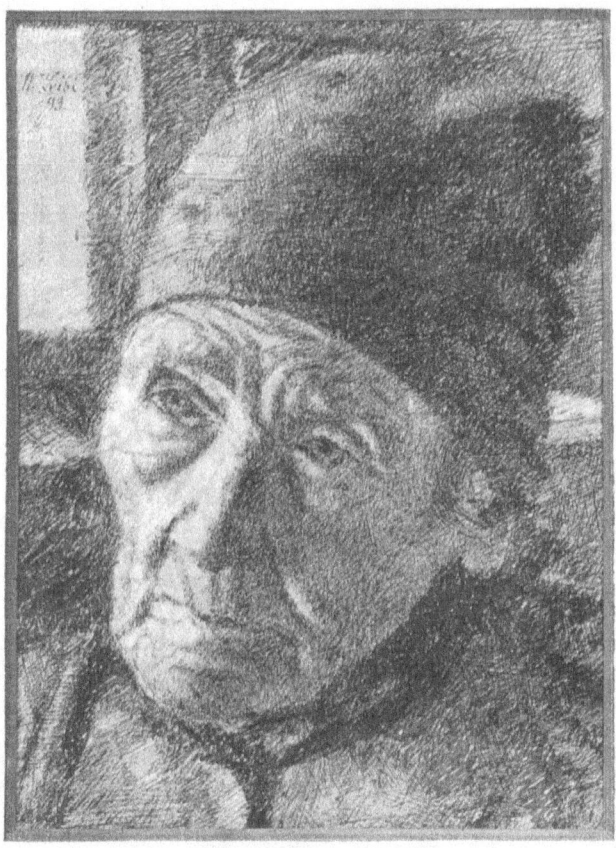

Abb. 45. Studie. Federzeichnung. 1893. (Privatbesitz.)

hältnis der drei Frauen wird uns Klarheit.
Auch was sie in der Kirche suchen, was das
Gebet ihnen gibt, ist angedeutet. Die Gläubig-
keit, die Hingabe ist bei allen gleich groß: wie
verschieden aber drückt sie sich aus. Die Junge
andächtig und respektvoll, aber ohne dringende
Forderung an Gott; die Alte ohne anderen
Gedanken, als an das Gebet, das ihre Lippen
murmeln, wie sie hunderte und aber hunderte
von Malen gethan haben; die Dritte aber
liest nicht aus dem Buche vorgeschriebene Ge-
bete nach, sondern kommt mit einem direkten
Anliegen. Unter den verschiedenen Formen
des Betens ist die ihrige sicher die äußer-
lichste, die am meisten egoistische; sie hat
den Kampf des Lebens kennen gelernt, hat

aber noch lange nicht mit dem Leben abgeschlossen. Ihre Andacht steht ebenso in
der Mitte, wie ihre Haltung und die Bildung ihrer Züge.

Wer die Neigung hat, dem Künstler
weiter zu folgen, der blicke mit Sorgfalt
auf die Hände. Wie sie so trefflich zu
jeder der Gestalten passen, ganz individuell
geformt und belebt sind! Die Überschneidungen bei der Hand der Alten sind meister-
haft. Und trotzdem wenigstens bei zweien
der Frauen die Funktion die gleiche ist,
erscheint jede Wiederholung glücklich vermieden. Das Auge folgt unwillkürlich den
Bewegungen und wird von hier nach dort
geführt, um schließlich von den gefalteten

Händen zurückzukehren zu den großen, doch gut gebildeten Händen des Mädchens, die still bei dem Gottesdienst nach ihrer Weise regsam sind.

Die großen Formen, wie sie die Komposition eines Bildes bestimmen, sind bewahrt, trotz der Treue, mit der die Kleinigkeiten, die Musterung der Stoffe, der Schmuck am Mieder oder die groben Schnitzereien des Kirchenstuhles, wiedergegeben sind. Hierin, in solcher Verbindung von großem und kleinem, liegt die Bedeutung dieser Schöpfung. Wer hätte den Mut, Leibls Arbeit kleinlich zu nennen, weil sie höchst sorgfältig ist? Man kann das Bild aus nächster Nähe betrachten und jede Einzelheit unter die Lupe nehmen: tritt man aber in die richtige Entfernung, so schwindet das Detail vor der Gesamterscheinung. Der Künstler ging nicht unter in der subtilsten Durchführung, die er für unerläßlich erachtete. — Als Leibl noch bei der Arbeit in Berbling war, kamen ein paar Bauern in die Kirche und betrachteten das Bild. Unwillkürlich falteten sich ihre Hände. Einer sagte: „Das ist Meisterarbeit." Leibl hat das als gutes Omen hingenommen.

Er trat nun mit einem Werk an die Öffentlichkeit, das überall, wo es gezeigt wurde, Aufsehen erregen mußte. Der Eindruck, den schon die „Bauernpolitiker" hervorgerufen hatten, daß dieser Mann etwas könnte, was ihm kein anderer nachzumachen imstande sei, wurde vertieft. In München, in Wien, in Paris, dann viele Jahre später in Berlin (1895) wurde es als ein Hauptwerk, nicht der betreffenden Ausstellung, sondern der deutschen Kunst unseres Jahrhunderts, angesehen.

An Neidern fehlte es natürlich nicht. In München wurde in Künstlerkreisen erzählt, Leibl habe ein technisches Geheimnis, das ihm diese Art der Feinmalerei in Ölfarben gestatte; er verrate es aber niemandem. Das Geheimnis bestand in der Unsumme von Energie, Arbeitskraft und in bewußter Verwendung der Mittel. Damals ist auch die Behauptung, Leibl habe sein Bestes Holbein zu danken, aufgetaucht. In Wien, wo das Kirchenbild 1882 auf der internationalen Kunstausstellung zu sehen war, erhielt er keine Medaille.

Unter den Besprechungen, die den Qualitäten gerecht wurden, hat die von Speidel in der „Neuen Freien Presse" eine gewisse Berühmtheit erlangt; die Würdigung von Kršnjavi in der „Zeitschrift für bildende Kunst" erweiterte sich zu einer klaren und ausgezeichneten Darstellung der Entwickelung Leibls, die noch heute sehr beachtenswert ist.

Der größte Erfolg in Künstlerkreisen stellte sich in Paris ein. Leibl war eingeladen worden, sich an einer internationalen Ausstellung zu beteiligen, zu der im ganzen zwölf Maler aufgefordert waren, und die im Mai 1883 in der Galerie Georges Petit stattfand. „Ce n'est plus de la peinture! tel est le cri que le sentiment de l'admiration arrache aux spectateurs", liest man in einer Besprechung von A. de Lostalot (Gazette des Beaux-Arts 1883).

Trotz dieser äußeren Anerkennung hielt es nicht leicht, einen Käufer für das Bild zu finden. Kurz vor Eröffnung jener Pariser Ausstellung ging es in den Besitz des Barons von Schön in Worms über, bei dessen Erben es sich noch heute befindet.

Neben der großen Hauptarbeit jener Jahre um 1880 hat Leibl nur kleinere Sachen gemalt. Es ist hier nicht vollständige Klarheit bei dem gänzlichen Mangel an sicheren Nachrichten zu erlangen. Dem Stil nach gehört in diese Berblinger Zeit das entzückende Köpfchen eines jungen Bauernmädchens, nach rechts gewandt, aber scharf mit seitlich gestellten Augen auf den Beschauer blickend, so wie es die alten Meister lieben, an die auch die Belebung der Pupille durch das darin sich spiegelnde Fenster erinnert (Abb. 26). Ähnlich reizvoll ist ein weiblicher Kopf mit Haube, der sich in Rom im Besitz des Bildhauers Joseph von Kopf befindet. Zu diesem gehören das Stück eines Bildes im Berliner Privatbesitz (Abb. 27), das durch die Feinheit der Arbeit an die Gestalt der jungen Frau auf dem Kirchenbild erinnert und eine Hand, die eine Nelke hält (Berlin, im Besitz des Malers Grönvold). In der genannten Pariser Ausstellung von 1883 war ein Bild zu sehen, das die Franzosen kurz „l'œillet" nannten, die Gestalt eines jungen Mädchens, das in der einen Hand eine Nelke hält. Der Künstler hat es später nicht für gut befunden und zerstückt. Der Kopf in Rom und die Stücke in Berlin sind die Reste dieser Arbeit.

* * *

Von Berbling aus hatte sich Leibl sofort nach dem nahe gelegenen Aibling gewandt.

bild aus, ehe es nach Wien ging. Der Sommer fand ihn wieder draußen: viele

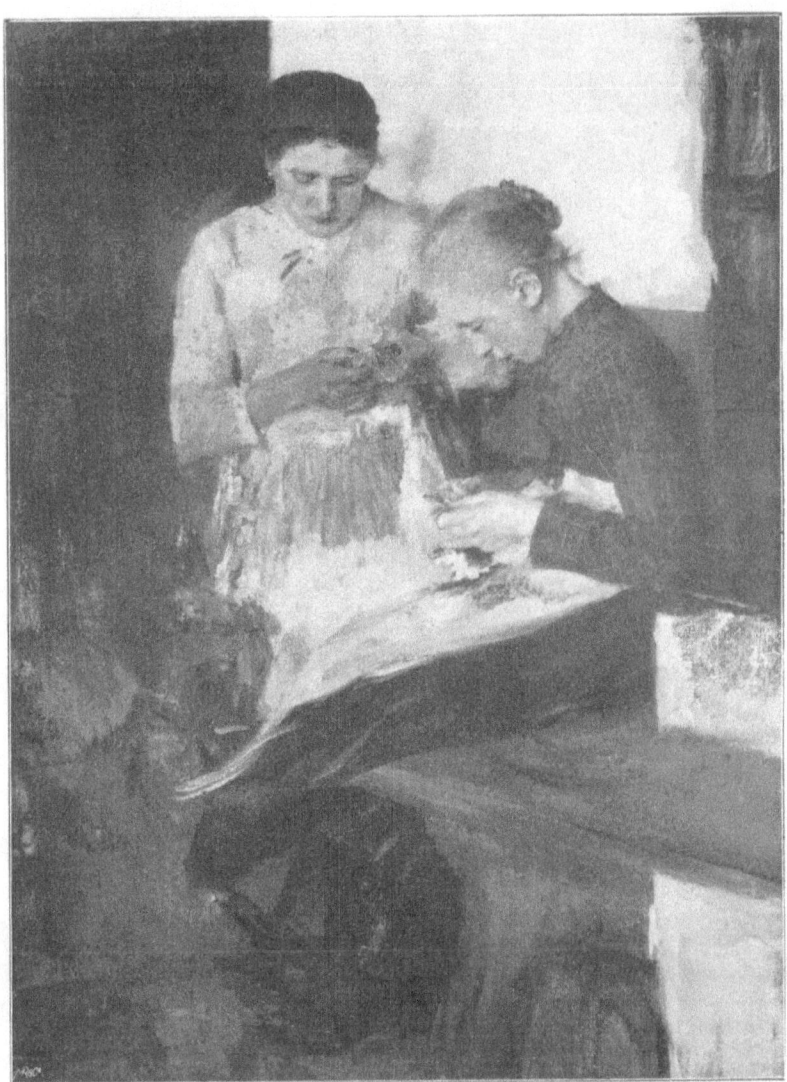

Abb. 46. Bauernmädchen bei der Arbeit. (Frankfurt a. M. Besitzer: Direktor Professor Weizsäcker.)

Nur ganz vorübergehend hielt er sich dann im Frühjahr 1882 in München auf und stellte dort in seinem Atelier das Kirchen-

Jahre hindurch ist er von jetzt ab in Aibling seßhaft geworden, und selbst seitdem er tiefer noch sich in die Einsamkeit zurückgezogen hat, hat er sein dortiges Atelier stets beibehalten.

Den Münchenern ist der kleine Badeort Aibling wohl bekannt. Ein freundliches, wohlhabend blickendes Städtchen, von einem kleinen, raschen Flusse durchschnitten, sonntäglich still, mit breiten Straßen, die, oft

Ateliers läßt uns Leibls Freund den Einblick thun (Abb. 29); wir überblicken den größeren Vorderraum und den schmalen, mit den typischen oblongen Fenstern sich öffnenden zweiten Raum, der ursprünglich allein vorhanden war, da das vordere Atelier erst später zugebaut wurde, als Leibl die

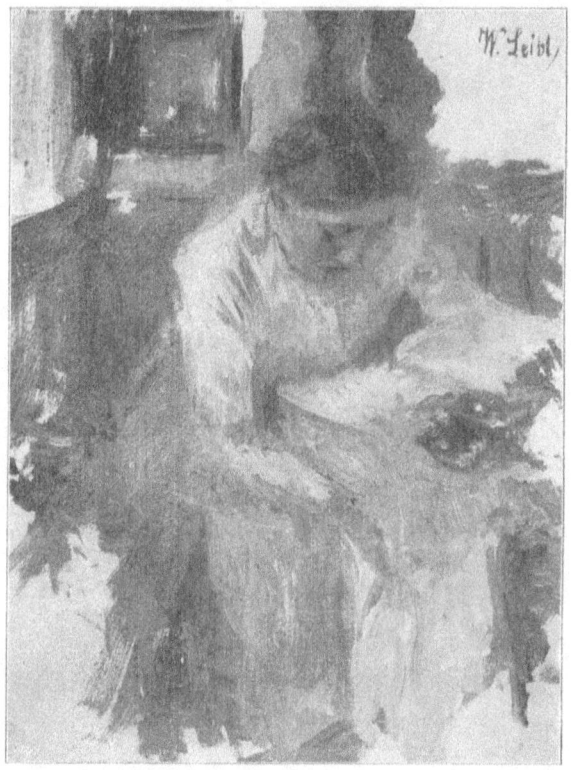

Abb. 47. Lesendes Mädchen. Studie. (Berlin. Besitzer: Dr. J. Elias.)

gewunden, dem Auge gefällige Abwechselung bieten. Am Ausgange des Ortes nach Norden zu liegt ein stattliches Haus mit einer Mühle dabei, zu dem ausgedehntes Wiesenland gehört. Inmitten von Grün gewahrt man einen kleinen Bau, in dem sich Leibls Atelier befindet. Eine Zeichnung von Sperl (Abb. 28) gibt den Blick auf die Rückseite; sie versetzt unmittelbar in die landschaftliche Umgebung und teilt von ihrer ruhigen Stimmung das Wesentliche mit. Auch in das Innere des

Gefahren eines zu engen Ateliers kennen gelernt hatte.

Leibls Atelier ist zuerst und allein Arbeitsraum. Wenige hübsche, alte Möbel stehen an den weißen Wänden; ein paar Zinngefäße und Thonkrüge beleben die Flächen. Als Schmuck der Wand hängen große Photographien nach den Meisterwerken von Franz Hals und Velazquez, die Leibl unter allen am meisten bewundert. Es ist still und traulich hier; man blickt durch die von Laub überhangenen Fenster ins Grün hinaus, auf Wiesen und Bäume. Draußen auf der Holzbank sitzend, vor seinem Aiblinger Atelier,

bildes, das er selbst während des Schaffens für sein bestes Werk (er nannte es einmal „meine Lebensarbeit") ansah, kamen ihm

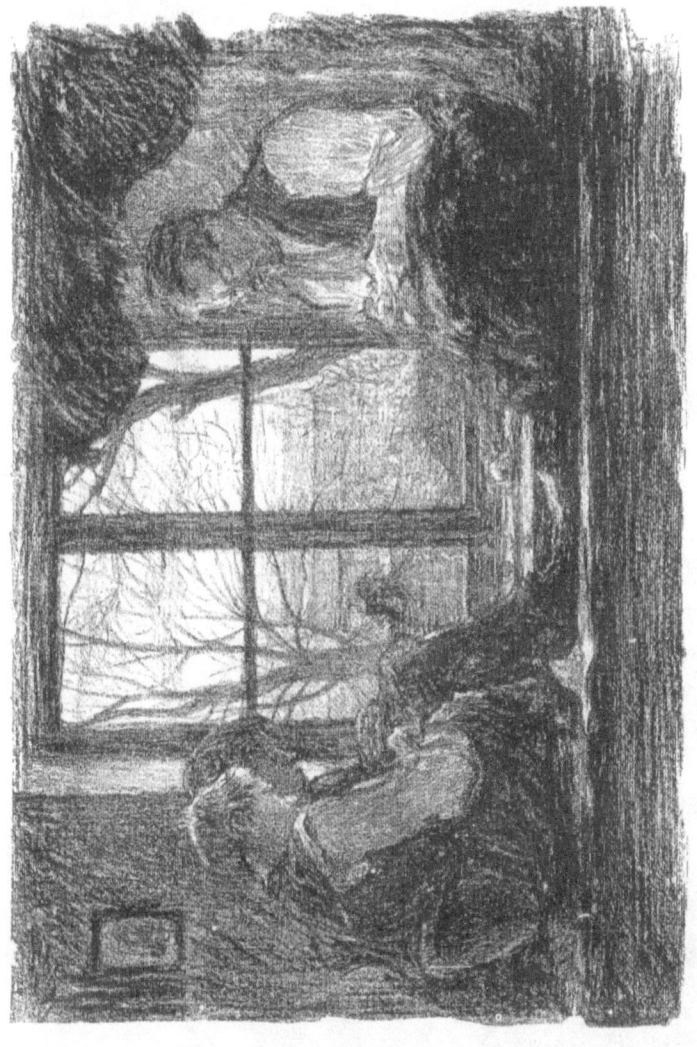

Abb. 48. Schuhmacherwerkstatt. Rohzeichnung. (Privatbesitz.)

hat Peter Halms geschickte Hand Leibls Erscheinung festgehalten (Abb. 30).

Um die Zeit seiner Übersiedlung nach Aibling, anfangs der achtziger Jahre, hat die Feinmalerei bei Leibl ihren Höhepunkt erreicht. Bald nach Vollendung des Kirchen-

Zweifel, ob der seit einigen Jahren eingeschlagene Weg der richtige sei. Ein Akt der Selbstkritik war es, wenn er ein in dieser Art gemaltes Bild selbst vernichtete. Er versuchte die frühere Breite, die Freiheit der Pinselführung mit jener Durchführung in Einklang zu bringen, dabei aber mehr, mit stärkerem Nachdruck, auf die großen Formen einzugehen. Wenn man will, sind alle seit dieser Zeit — etwa 1882 — entstandenen Arbeiten Versuche in diesem Sinne. Bald ist die Pinselführung breit und keck, an Franz Hals mahnend, bald weich verschmolzen, so wie etwa in dem Bild der „Dachauer Bäuerinnen", doch ohne daß er je wieder die leichte Handschrift seiner Jugendjahre erreicht. Von dem „fleißigen Kläubeln", von dem Albrecht Dürer spricht, kam er nie wieder ganz los.

Um diese Zeit unternahm er noch einmal eine Arbeit großen Stils, das letzte derartige Bild, das man von ihm kennt, da er danach nur Arbeiten kleineren Umfanges geschaffen hat. Das „Wildschützenbild" ist räumlich das größte Gemälde von Leibl: es vereinigt vier fast lebensgroße Figuren. Im Herbst 1882 wurde die Arbeit begonnen, als es ihm gelungen war einige ganz prachtvolle Modelle zu finden. Ein früheres Stadium, wo nur drei Gestalten in Halbfigur vor landschaftlichem Hintergrund

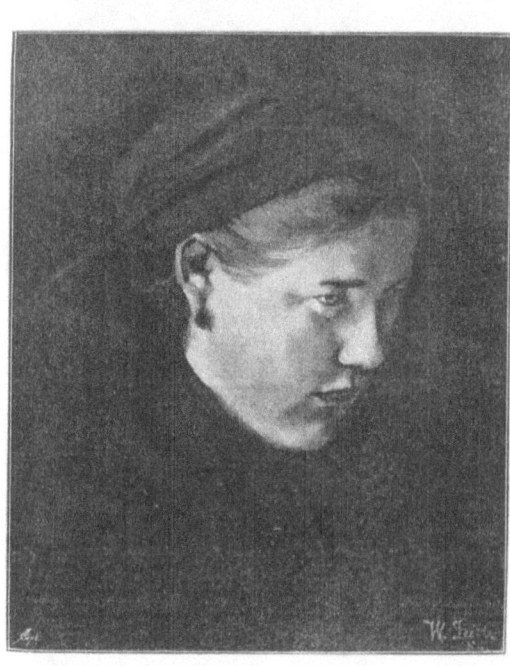

Abb. 49. Bauernmädchen. 1886. (Privatbesitz.)

dargestellt waren, hat eine breit angelegte Zeichnung bewahrt (Abb. 31). Gleichfalls wie Vorstudien zu dem Gemälde erscheinen das Bild mit zwei Männern, einem jüngeren und dem in der späteren Ausführung benutzten alten Mann, frisch und unmittelbar packend (Besitzer Direktor J. Stern, Berlin) und der kühn hingestrichene Kopf des jungen Burschen (Abb. 32). Mit Sorgfalt wurde hierauf die Untermalung der späteren Komposition durchgeführt. Dann ging es stückweise an die Ausführung, die weit länger sich hinzog, als Leibl gedacht hatte. Mit Rücksicht auf die Ausdehnung wollte er groß und breit arbeiten; aber war ein solcher Sprung plötzlich gethan? Immer wieder brach seine eigenste Begabung, die sorgfältigem Vollenden ihn drängte, hindurch. Nach vier Jahren erst, im Sommer 1886 scheint endlich die Arbeit vollendet gewesen zu sein.

Die Gestalten der vier „Wildschützen" sind in einem niederen Raum vereinigt. Von links her fällt durch ein (nicht sichtbares) Fenster klares Licht herein; ein Fenster rechts im Hintergrunde ist mit Laden verschlossen. Die Mauer springt etwa in der Mitte etwas vor: in der Vertiefung links hängt ein Bild, auf dem man den Heiland als Schmerzensmann erkennt, und von oben her schneidet das untere Stück eines Kruzifixes, in Holz geschnitzt, schräg in das Bild hinein.

Zwei der Gestalten sitzen, zwei, nach dem Hintergrund zu, stehen. Die eine links nimmt fast die Hälfte der Bildfläche ein, indem die drei anderen sich auf die rechte Seite verteilen. Ein kraftvoller, vollbärtiger Mann sitzt schräg nach vorn auf der Bank, neben sich ein Glas; er hält, vorgeneigt, die linke Schulter nach unten gesenkt, mit beiden Händen die Büchse und schaut gespannt vorwärts, nach links herüber; seine Augäpfel sind scharf seitlich gestellt (Abb. 33). Die anderen nehmen an

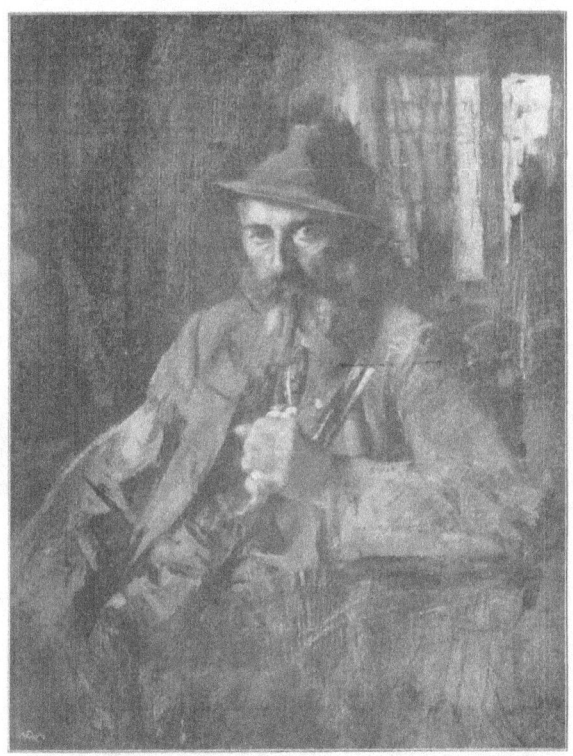

Abb. 50. Bildnis eines Försters. (Dresden. Besitzer: Herr Uhle.)

dem Vorgang keinen sichtbaren Anteil. Ihre Aufmerksamkeit scheint nach dem offenen Fenster hin gerichtet. Vorn sitzt hoch aufgerichtet ein junger Mensch, den Oberkörper mit dem groben Hemd bekleidet, über dem die mit gesticktem, breitem Band verbundenen Hosenträger befestigt sind. Die Büchse hält er am Boden aufgestützt und spielt mechanisch am Band. Ein wildes, trotziges Gesicht, dem die zusammengezogenen Brauen, die weit vorspringende Nase, die festgeschlossenen Lippen und das starke Kinn den Charakter geben. Der Hut, mit einer Blüte geschmückt, ist keck aufgestülpt (Abb. 34).

Hinter ihm wird ein älterer Mann mit ergrauendem Bart und starker, überhängender Nase im reinen Profil sichtbar, der die Hand auf den vorspringenden Mauerpfosten legt; neben ihm mehr links, nach dem ersten

zu, steht ein etwas Kleinerer, dessen Stirn die vorgezogene Krempe des Filzes in Schatten legt. Sein Gesicht hat ruhigeren Ausdruck. In der rechten Hand hält er die Tabakspfeife.

Prachtvolle Einzelheiten finden sich auf diesem Bilde. Die Hände der Figuren sind herrlich modelliert und durchgebildet, ohne jegliche Übertreibung nach der augenblicklichen Funktion bewegt. Von den Augen des links sitzenden Mannes darf man behaupten, daß selbst Leibl nie besseres gemalt hat. Und wer möchte die eindringliche Charakteristik der trotzigen Kerle nicht bewundern, Gestalten, wie man sie vielleicht nur unter dem Landvolk in den Alpen findet, rechte Wilderer, die das Bewußtsein ihrer Kraft, mit Leidenschaft gepaart, zu wilden Thaten fortreißt, und denen manchmal auch ein Menschenleben gar wohlfeil erscheint. Dieser Grundzug des Wesens ist bei dem Jüngsten heftig gesteigert, bei den anderen selbst durch Alter und Erfahrung kaum gebändigt.

Gegen die Komposition aber lassen sich gespielt. Die vier Männer rückten zu eng auf einander, und der Raum war nicht breit genug, um Leibl den rechten Abstand zu ermöglichen. Aus der Nähe und sitzend malte er die Gruppe; so kam es, daß sich ihm das Bild verschob und die vorderen

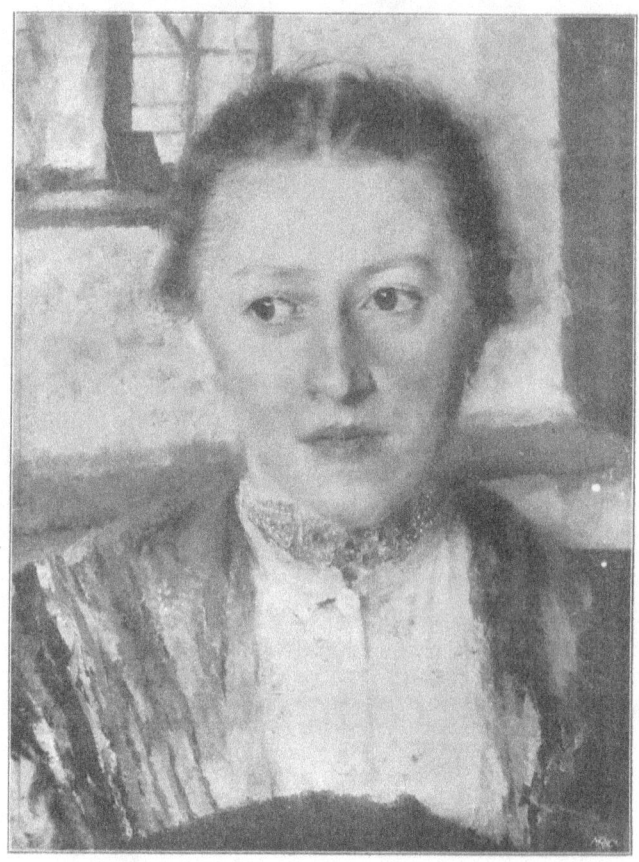

Abb. 51. Bauernmädchen. 1896. (Berlin, Privatbesitz.)

wohl Bedenken geltend machen. Man sieht nicht klar, wo die hinteren Figuren ihren Standort haben; es fehlt für sie der genügende Platz. Die Gestalten vorn, besonders die des jungen Burschen rechts, erscheinen im Verhältnis zu den anderen viel zu groß angenommen.

Hier hat die Ungunst des Ateliers, in dem er arbeitete, dem Maler übel mitgespielt. Gestalten, vor allem die Oberkörper (bei den Knieen schneidet die Bildfläche ab) sich für sein Auge über das Maß hinaus in die Höhe reckten.

Voller Hoffnungen hatte er die Arbeit begonnen, mit der Komposition, so wie sie ihm vor Augen stand, kraftvoll zu Ende geführt, ein für allemal seine Stellung in der Welt zu sichern. Er war sich aller

Schwierigkeiten wohl bewußt, hatte aber die Überzeugung, als das Gemälde fertig war, sie überwunden zu haben. Seine Freunde in Paris, wo das Bild 1888 ausgestellt wurde, erkannten den Grundfehler leicht heraus, der offenbar wurde in dem Augenblick, als es in weite Ausstellungsräume gebracht war. Zum erstenmal vielleicht

Ein jeder Künstler hat in seinem Leben solche Akte der Selbstkritik zu verzeichnen. Wie viele aber werden die Strenge gegen sich selbst besitzen, ein Werk zu vernichten, dem sie vier Jahre angestrengter Arbeit und hingebenden Fleißes gewidmet haben? Nie hat es ein Künstler ernster mit seiner Kunst genommen, als Leibl.

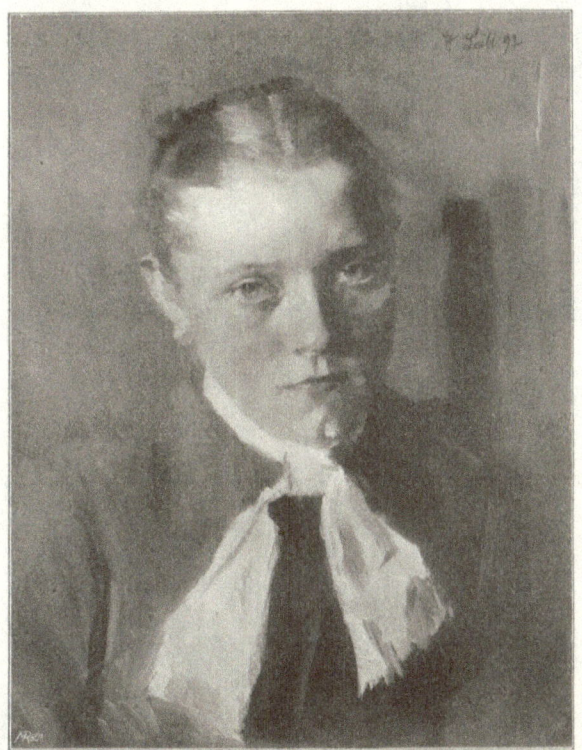

Abb. 52. Bauernmädchen. 1897. (Angekauft vom Deutschen Kunstverein.)

fand Leibl nicht die Anerkennung, die ihm bis dahin in Frankreich geworden war. Dann kam das Gemälde nach Berlin, wo Fritz Gurlitt im Januar 1889 eine größere Zahl Leiblscher Bilder vereinigen konnte.

Als Leibl nach längerer Zeit die eigene Arbeit wieder sah, war sein Auge kritisch geschärft. Nun trennte ihn ein zeitlicher Abstand von der Vollendung, und wie das Werk eines anderen konnte er es überprüfen. Das Resultat war, daß er es zerstückelte.

Eben zu jener Zeit scheint überhaupt die Selbstkritik bei ihm geschärfter, ja bis zur Unbilligkeit gesteigert. Auf dieselbe Weise, wie das große Bild, sind auch andere Arbeiten untergegangen. Von mehreren Bildern, die sitzende Mädchen darstellten, sind nur Stücke erhalten geblieben (Abb. 35 u. 36).

Gegen das Urteil, das der Künstler selbst über sein Bild abgegeben hat, sollte man nichts einwenden. Ein Wort des Bedauerns wird darum der, dem es vergönnt

war, die Komposition in der photographi=
schen Nachbildung kennen zu lernen, nicht
unterdrücken. Glücklicherweise blieben we=
nigstens Stücke erhalten: der Kopf des
jungen Mannes rechts mit dem Profilkopf
des älteren ging kürzlich in den Besitz der

unternommen und nicht mehr die Arbeit
vieler Jahre einem einzelnen Werke gewidmet.

*   *   *

Seit dieser Zeit hat Leibl wieder häu=
figer Porträts gemalt, zumeist von Leuten

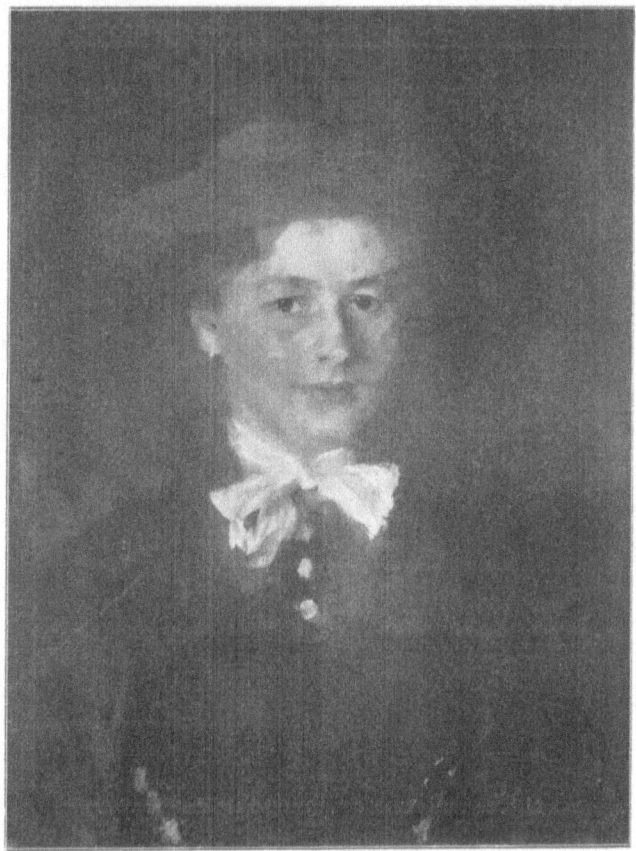

Abb. 53. Bauernmädchen. (Frankfurt a. M. Kunsthandlung Hermes.)

Nationalgalerie über; der Kopf des Mannes
links und, wieder ein Stück für sich, die
wundervollen Hände mit der Büchse, sind
im Berliner Privatbesitz zu finden.

Man darf die Geschichte des „Wild=
schützenbildes" die Tragödie im Leben Leibls
nennen. Der Künstler hat danach nie
wieder eine so umfangreiche Komposition

seiner Bekanntschaft aus Aibling oder Rosen=
heim. Manche dieser Arbeiten sehen aus,
als seien sie allein zum Zweck des Studiums
unternommen. Sie sind oft mit hastiger
Breite hingesetzt; die unverbundene Pinsel=
führung wirkt fast brutal. Andererseits
aber kann man wieder ein sichtliches Streben
beobachten, gefällige Erscheinung liebens=

würdig wiederzugeben, mit weichen, ver-
schmolzenen Strichen, wofür ein Bildnis,
das die Frau eines Rosenheimer Apothekers
darstellt (Abb. 37), sowie das Porträt seiner
Nichte, des Fräulein Kirchdorffer (Abb. 38);
bezeichnende Beispiele abgeben. Weiblicher
vermag. Der Ausdruck des Auges oder
die Handbildung, die Stellung im Raume,
die Belichtung des Grundes: entweder einer
dieser Faktoren oder sie alle in der Vereinigung wirken zusammen, wie z. B. auf
dem Bildnis des Kommerzienrats Seeger,

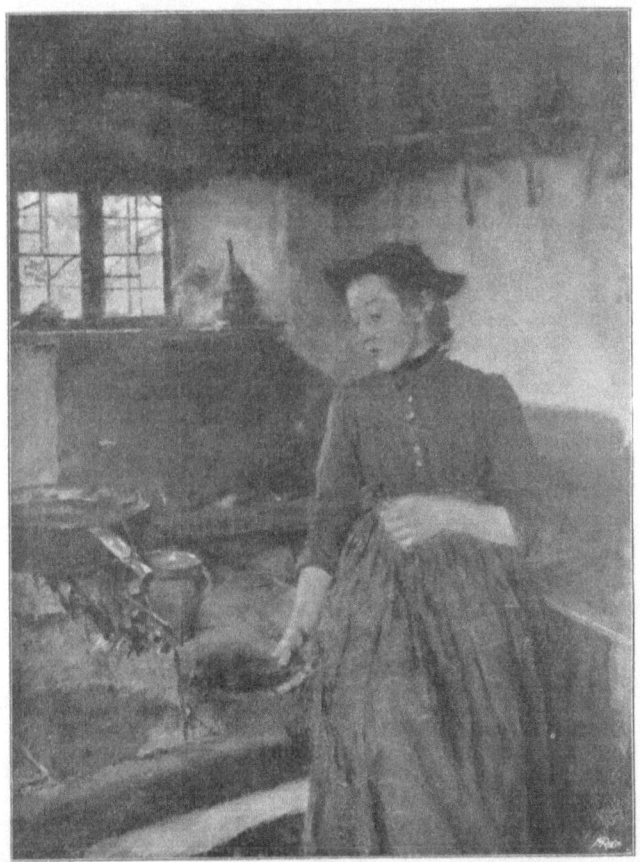

Abb. 54. In der Küche. 1895. (Berlin. Besitzer: Kommerzienrat Seeger.)

Charakter ist hier so gut getroffen, als
hätte nicht der Maler der Bauernbilder,
sondern ein Modemaler der besten Gesell-
schaftskreise den Pinsel geführt. Gilt dieses
für die allgemeine Auffassung, so hat Leibl
andererseits doch wieder so viel Großes im
einzelnen, daß keiner der Bildnismaler, die
bei uns allbekannt sind, ihm zu folgen
den Leibl im letzten Jahrzehnt, ent-
sprechend den freundschaftlichen Beziehungen, die sie verbanden, wiederholt por-
trätiert hat (Abb. 39). Es mag Bildnisse geben, die zuerst eindrucksvoller sind
und stärker anziehen, anderen wird man
geistvollere Pointierung nachrühmen und
wieder anderen zartere Farbenverbindungen:

Leibls Bildnisse verlangen sorgfältige und
auf die Weise des Künstlers eingehende Be=
trachtung, um in ihrem hohen Wert, in der
künstlerischen Berechnung, erkannt zu werden.

Auf einem kleineren Bild, das über=
leitet zu den Figurenbildern dieser Zeit,
dem „Kleinstädter" in der Neuen Pinakothek
in München (Abb. 40), hat Leibl das In=
dividuum als Typus erfaßt. Es ist der
rechte Kleinstadtmensch, wie er überall zu
finden ist, Vertreter jener von Busch so
köstlich charakterisierten Gattung des Bieder=
mannes, „der so von sechs bis acht sein
Schöppchen leerte", und dessen Leben
zwischen Beruf und Stammtisch, sowie
zuletzt den legitimen Ansprüchen der
Familie geteilt ist. Nicht leicht konnte Leibl
glücklicher den Typus treffen, zugleich in
Haltung und Ausdruck die behagliche Selbst=
zufriedenheit schildern. Freundliches Licht
fällt durch das mit weißen Gardinen be=
hangene Fenster herein; ein Stückchen der
Straße überschaut man; unser Biedermann
schmaucht sein Sonntagmorgenpfeifchen und
blickt hinaus. Wie wohl den Großstädter
in der Kleinstadt das Gefühl der Ruhe
wohlig überkommt und ihm alles in hellen
Farben erscheinen läßt, so strömt auch aus
Leibls Schilderung die Atmosphäre beschränk=
ter Existenz in enger Umgebung gewinnend
entgegen. Das ist aber nur möglich, weil
die Schilderung wahr und echt ist.

Durchaus verwandt in der Stimmung
sind zwei Bilder aus den Jahren 1891
und 1892, „Die neue Zeitung" (Abb. 41),
bei Herrn Tölle in Barmen und die „Spin=
nerin" bei Herrn La Roche = Ringwald in
Basel. Auf beiden Bildern will die Um=
gebung ihren reich bemessenen Anteil am
Eindruck haben; der gedielte Boden, die
weißgetünchten Wände, der ererbte Hausrat
geben den Grundton der Behaglichkeit, die
das Leben der Bewohner durchdringt und
sich in ihrer ruhigen Existenz ausdrückt.
Der Vater hat es sich im breiten Stuhl
bequem gemacht, die Brille auf der Nase
zurechtgerückt und entfaltet nun langsam
sein Leiborgan. Ein Gläschen Landwein
mag am Morgen nicht schaden. In ge=
messener Unterhaltung sitzen zwei Mädchen
im Grunde des Zimmers. Das herein=
strömende Licht bescheint freundlich be=
schauliche Kleinbürgerexistenz, und wie es
die geschnitzten alten Möbel umspielt, daß

sie sich so recht hübsch präsentieren, so ver=
schönt und durchwärmt es das Bild. Ähn=
lich auf dem zweiten Bild, wo vorn die
Greisin auf dem dreibeinigen Sessel sitzt
und spinnt und mit gespannten Augen auf
den Faden achtet, indes ein junges Mäd=
chen, das im Hintergrund auf der Bank an
der Wand seinen Platz hat, den hübschen
Kopf tief über den Strickstrumpf beugt.
Wie so oft bei Leibl, klingen die unaus=
gesprochenen Gedanken gleichsam mit und
stellen die Verbindung her zwischen den
Gestalten und bringen diese wieder dem
Beschauer nahe.

Verwandter Art und Gegenstücke aus
dem bäuerlichen Leben sind die Bilder „In
der Bauernstube" (Abb. 42) in der Neuen
Pinakothek und „Bauernjägers Einkehr"
(Abb. 43) im Berliner Privatbesitz, lichte,
anmutige, fast heiter zu nennende Arbeiten,
die ländliche Existenz von der hellen Seite
schildern, aber frei von jeder Süßlichkeit,
ohne jene gesuchte „Blitzsauberkeit", die die
meisten Werke anderer Künstler, die ähnliche
Gegenstände behandelten, fast unerträglich
macht. Die hübschen Trachten und das
derbe, doch behagliche Mobiliar wollen hier
ebenso beachtet sein, wie die charakteristischen
Typen, wie die Hände, deren gemessene Be=
wegungen die einfachen Worte, die zwischen
den Personen gewechselt werden, erläutern.
Aus einer Summe von Beobachtungen ist
das künstlerisch Faßbare ausgewählt, die
Stellung so geordnet, daß mit wenigen
Mitteln räumliche Tiefe geschaffen wird (bei
beiden Bildern fast in der gleichen Weise),
das Farbige mit großer Sorgfalt und
geschmackvoll erwogen, so daß z. B. auf dem
einen Bild für lauter sehr lichte ein
vorwiegend dunkler Hintergrund gewählt ist,
während auf dem anderen, in den Farben
ernster gestimmten Gemälde der heitere
Landschaftsausblick hinten gegeben wird:
das Sonnenlicht gleitet über den Tisch hin
und durchstrahlt die grüne Flasche und das
Branntweinglas, so daß hier ein kleines,
mit köstlichem Reiz gemaltes Stilleben sich
darbietet. Von der Sorgfalt, mit der diese
Bilder vorbereitet sind, geben mehrere
dem Bild „Bauernjägers Einkehr" ver=
wandte Studien, die Zeichnung zum Kopf
einer alten Frau (Abb. 45) und die kraft=
voll gemalte Studie eines Jägers (Abb. 44)
einen Begriff. Erst allmählich aus einer

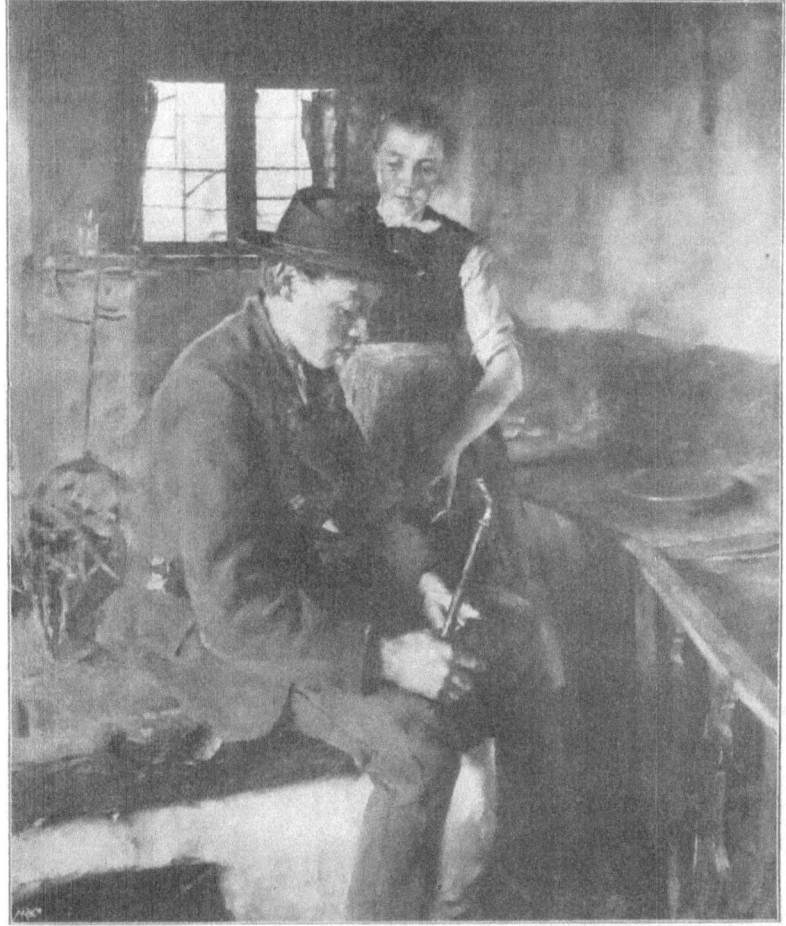

Abb. 55. In der Küche. 1898. (Berlin. Besitzer: Kommerzienrat Seeger.)

Summe von Vorstellungen, unter denen sicherlich manche zufällige Beobachtungen von Lichterscheinungen eine Rolle spielen, haben sich die so einfach ansprechenden Bilder entwickelt.

Eine Reihe von Studien und Entwürfen gehören in unmittelbaren Zusammenhang mit diesen Arbeiten, deren Motive aus dem Leben der Kleinstadt oder der bäuerlichen Bevölkerung, in deren Mitte Leibl lebte, genommen sind: das angefangene Bild der zwei frischen Mädchen, die ihre Köpfe über die Arbeit neigen, ganz ihre Aufmerksamkeit auf diese richtend (Abb. 46), das lesende Mädchen (Abb. 47) und die Zeichnung „Schusterwerkstatt" (Abb. 48) mit dem heiteren Ausblick durch das breite Fenster in der Mitte der Komposition; ferner der anmutige Kopf eines Bauernmädchens (Abb. 49) und das prächtige, z. T. weit vorgeschrittene Bild des „Försters", der die Pfeife schmaucht (Abb. 50), in der kraftvollen Beleuchtung und den belebten Augen eine ausgezeichnete Arbeit.

In der Gegenwart wiſſen wir ſo viel
von dem, was ſich in der Öffentlichkeit
zuträgt; wir können die hervorragenden
Perſonen begleiten, man möchte ſagen, vom
Augenblick wo ſie aufſtehen, bis zum Abend.
Wieviel dagegen erfahren wir von der Exiſtenz
der Maſſen, von dem ſtillen Geſchäftigſein
der Tauſende draußen auf dem Land und
in der Kleinſtadt? Nicht das Einzelne iſt
hier intereſſant, ſondern der Durchſchnitt,
das, was ihnen gemeinſam iſt — und ſolches
finden wir in dieſen Bildern, mit ruhiger
Beobachtung feſtgehalten und künſtleriſch ver-
klärt, wie denn gerade hier, wo alles ſo
natürlich im Raum gruppiert, die Anordnung
der Figuren und der Gebrauchsſtücke ſo ſelbſtverſtändlich erſcheint, die Reflexion ſehr viel
feine künſtleriſche Berechnung wird auf-
decken können.

*   *   *

Man konnte ſich denken, daß nach ſo
manchen Wandlungen, nach dem ſtetigen
Ringen in dem Kampf um die techniſch
beſte Ausdrucksweiſe für das, was er künſtleriſch geben wollte, nun in den Jahren
vollkommener Reife, in der lange Arbeit
mit reicher Ernte belohnt zu werden
pflegt, die Entwickelung Leibls zum Abſchluß
gekommen war. Wer ſein Schaffen verfolgte,
ſo weit es von den Ausſtellungen aus möglich war, hatte ſich wohl mit dem Gedanken
vertraut gemacht, daß hier ein Künſtler ſein
Ziel erreicht hatte und nach mannigfachem
Suchen und Verſuchen nun den geraden Weg,
deſſen Zugang er ſich erobert, vorwärts-
ſchreiten würde.

In den letzten Jahren hat Leibl Arbeiten
geſchaffen, die geeignet ſind derlei Vor-
ſtellungen umzuſtoßen. Die Hand, die oft
ſo ſchwer auf der Leinwand geruht hat,
iſt leichter geworden, faſt ſo leicht, wie man
es am Jüngling Leibl gekannt hat; vor
allem aber: er ſieht die Dinge farbiger, reicher, und vermeidet nicht geſchmackvoll bunte
Farben, wo ſie hingehören. Koloriſtiſch be-
deuten dieſe jüngſten Arbeiten nicht nur eine
neue Stufe; ſie haben ihre ausgeſprochen
Vorzüge, indem viel eher Vermittlung zwiſchen
den einzelnen Tönen angeſtrebt iſt, als z. B.
auf den Werken der Berblinger Periode.
Sie ſind farbig reicher, dabei maleriſch weicher.

Unter dieſen Arbeiten, die faſt
ausſchließlich einzelne Geſtalten von
Dorfmädchen oder Interieurs mit
Figuren darſtellen, ragt die Halbfigur eines Mädchens beſonders hervor (Berlin, Privatbeſitz): ſie blickt
gerade aus dem Bild heraus, mit
großen weit geöffneten blauen
Augen; rötlich blondes Haar um-
ſlattert das kräftige, blühende Ge-
ſicht; ein buntfarbiges Kleid, bei
dem grün und rot ſich ſchön verbinden, umſchließt die Geſtalt.
Man denkt unwillkürlich an das
Bild der Saskia in Dresden, nicht
nur des ähnlichen Motivs wegen,
ſondern weil der moderne Meiſter an Freudigkeit der Farbe als
Rival des großen Holländers auf
den Plan tritt.

Ähnliche Vorzüge darf man den
Mädchenköpfen nachrühmen, die
den letzten Jahren 1896, 1897
und 1899 angehören (Abb. 51 bis
53). Man kann ſie als Bildniſſe
anſehen, denn ſie ſind die be-
abſichtigte Wiedergabe eines be-
ſtimmten Modells; aber es iſt auch

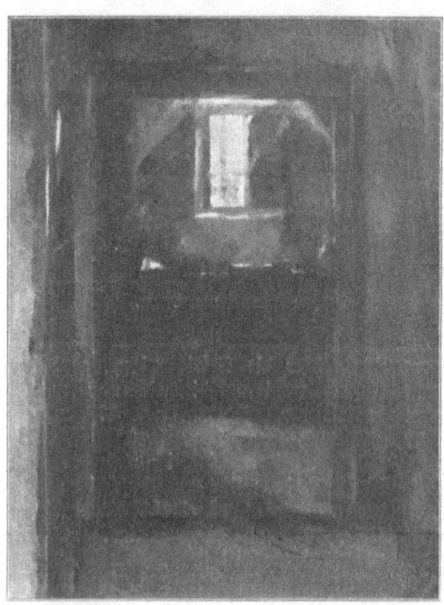

Abb. 56. Studie. (Berlin. Kunſthandlung Gurlitt.)

wieder das Allgemeine hier so fein hervorgehoben, daß sie mehr noch als Typen fesseln. Die Malerei ist bei diesen Arbeiten ausgezeichnet, von großem Schmelz, heiter in einer gewissen Buntfarbigkeit, die die frische Hautfarbe, das Blond des Haares, das reichfarbige Busentuch, den Schmuck in wohlthuende Harmonie zusammenbringt.

Wie Vorstudien muten diese bis zur Vollkommenheit koloristischer Wahrheit durchgeführten Köpfe an, wenn man die Kompositionen betrachtet, die den gleichen Jahren angehören. Bei diesen ist der dargestellte Raum stets derselbe: die durch den Rauch dunkel gefärbte Küche des Kutterlinger Heims, mit dem niederen Fenster im Grund, durch das das Grün von draußen heiter hereinschimmert. Einen Teil der Bildfläche nimmt der Herd ein, auf dem allerlei Gerät steht. Der Raum ist belebt durch die Gestalt der Magd, die das Feuer schüren will (Abb. 54); oder diese ist im Zwiegespräch mit einem jungen Burschen dargestellt, der nachdenklichen Gesichts sich die Pfeife stopft (Abb. 55), oder auch, auf einem vielfach verwandten, hervorragenden Bild, an einem Holzspan mit seinem Messer herumschnitzelt. Von der glänzenden Malerei, dem gleichmäßig schönen Kolorit wird in Worten schwer sich der Eindruck wiedergeben lassen. Die Farben, etwa stumpfes Blau, Braungelb, Rot, wie sie die Tracht der Magd oder des Burschen ergeben, sind fein zusammengestellt und heben das kräftige Kolorit des Gesichts und der Hände; die Geräte, die Wand mit ihren unendlichen Abstufungen von Gelb zu schwärzlichem Braun beleben sich und werden beseelt durch die meisterhafte farbige Behandlung: vor allem aber, wie die Figuren im Raume stehen, wie sie sich ungesucht bewegen, so daß jeder

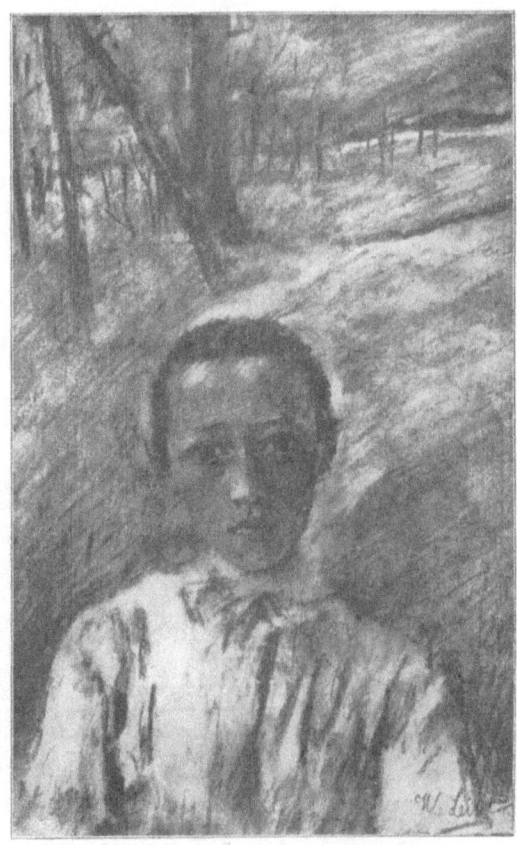

Abb. 57. Bauernmädchen. Bleistiftzeichnung.
(Venedig, Moderne Galerie.)

Zwang des Gestellten aufgehoben erscheint, die Wiedergabe der Atmosphäre zeichnen diese Arbeiten der letzten Jahre in so hohem Grade aus, daß sie den Wettkampf mit seinen früheren Bildern völlig aufnehmen können.

Ein besonders feines, kleines Bild, das 1897 bei Gurlitt ausgestellt war, versucht den malerischen Reiz des unbelebten Innenraumes festzuhalten (Abb. 56). Hier blickt man von außen herein in ein Zimmer; die Aufmerksamkeit wird aber malerisch weniger auf dieses, als auf das durchs Fenster hereinfallende Licht gelenkt. Lustiges Grün gewahrt man draußen, und indem die heitere Farbe neben einer durchleuchteten roten

Scheibe gesehen wird, gibt es ein buntes und frohes Nebeneinander. Das Sonnenlicht läßt das Einzelne im Raume nicht deutlich unterscheiden; im unsicheren Halblicht verliert sich das Einzelne; nur ein bräunlicher Gesamtton teilt sich dem Auge mit.

Man beachte wohl, wie in früheren Jahren die räumliche Umgebung fast lediglich als Hintergrund benutzt worden war, in den späteren Arbeiten aber immer mehr

Zeichnung mit der Halbfigur des Mädchens (Abb. 57); eine verwandte Anlage hat Leibl farbig durchgeführt in dem Bild des jungen Bauernmädchens im Profil, wo der frische grüne Wiesengrund, mit den Baumstämmen bestanden, eher dekorativ behandelt erscheint (Abb. 58).

Bei eigentlichen Landschaftsbildern hat sich Leibl gern mit seinem Jugendfreund, dem trefflichen Maler Johann Sperl, zu

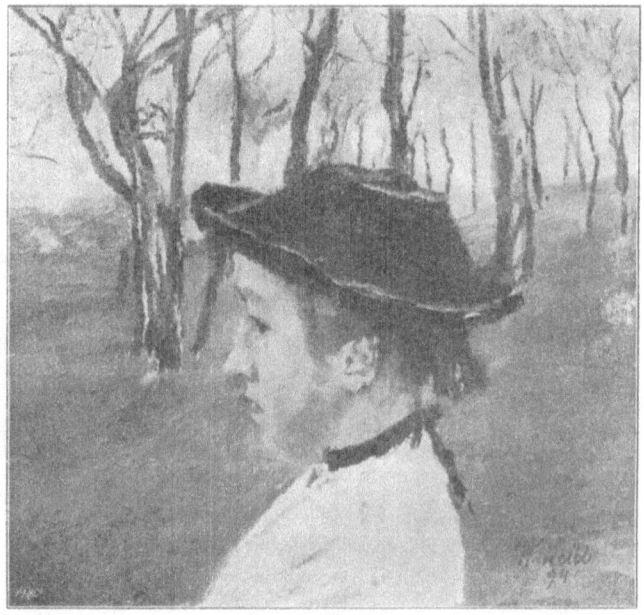

Abb. 58. Bauernmädchen im Freien. 1894.

zu dem Gesamteindruck mit beitragen hilft, und wie schließlich hier das Interieur allein dem Auge Leibls genug malerischen Reiz darbietet, daß es ihn zur Wiedergabe reizt. Ähnlich scheint auch sein Verhältnis zur Landschaft einem langsamen Entwickelungsprozeß unterworfen zu sein. Versuche, Figuren mit einem landschaftlichen Hintergrund zu verbinden, kommen, wenn man vom Bildnis des Jägers absieht, doch erst aus späterer Zeit, seit der Periode in Aibling, vor. Der erste Entwurf der „Wildschützen" zeigt die Halbfiguren gegen Landschaft gesehen; ähnlich ist die sehr malerisch angelegte

gemeinsamer Arbeit verbunden. Dieser hat die oberbayerische Landschaft seit vielen Jahren mit größter Hingebung studiert und hat sich in diese Motive so hineingesehen, daß seine Bilder längst einen Ehrenplatz in Deutschland errungen hätten, wenn sie nicht so schlicht und so einfach wären. So aber ist der ausgezeichnete Künstler nahezu unbekannt geblieben. Seit Jahren lebt er ganz als Leibls Genosse; wiederholt haben sie in der Weise zusammengearbeitet, daß Leibl in die Landschaften des Freundes Figuren gemalt hat. Aus der Art, wie er sich dieser Aufgabe entledigte, sieht man, wieviel ursprüng-

liche Begabung für die Landschaftsmalerei
in Leibl steckt; denn die Gestalten drängen sich
in keiner Weise der Aufmerksamkeit auf; sie
sind farbig dem Charakter des Bildes ein-
gefügt, so daß ein Unbefangener nie die

schöne, Frauen auf der Wiese. Hier sieht
man von beiden Seiten den Wiesenboden
sich herabsenken zum Bächlein, das ihn
mitten durchströmt, thalabwärts strebend;
dichte Bäume, mit erstem Grün und ersten

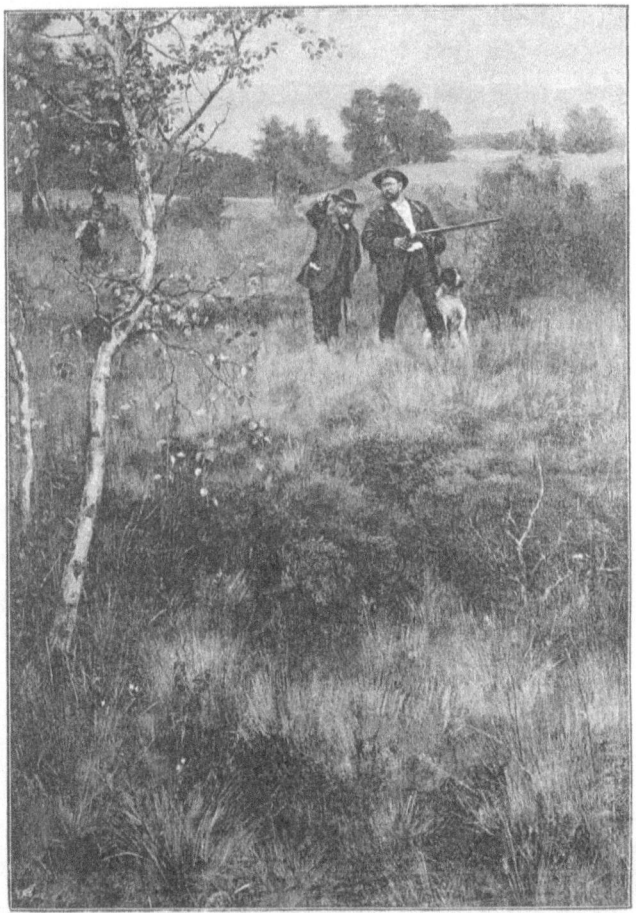

Abb. 59. Sperl und Leibl: Auf der Jagd. (Köln, Museum.)

Entstehungsgeschichte einer solchen Arbeit erraten würde.

Die beiden bedeutendsten Bilder dieser
Art besitzt seit kurzem durch das Vermächtnis
des Herrn Pallenberg das Kölner Museum:
das eine stellt Leibl und Sperl auf der
Jagd dar (Abb. 59), das andere, besonders

Blüten geschmückt, wehren dem Blick, aber
lassen das weiße Bauernhaus im Grunde
durchschimmern. Vorn links stehen zwei
Frauen im Gespräch bei einander. Das
Auge aber, erfüllt von dem frischen Grün
der Landschaft, gleitet an ihnen nach kurzer
Betrachtung vorüber, denn sie sind nicht ein

selbständiges Ganzes, sondern Teil eines Ganzen. So hat sie Leibl mit feinem Gefühl gemalt. Andere Bilder, die in gemeinsamer Arbeit entstanden, sind die Landschaft mit Leibl auf der Jagd, neben ihm sein Hühnerhund (Privatbesitz) und jenes, wo im Vordergrund eine alte Bäuerin mit einem Rechen steht (Privatbesitz).

Vor wenigen Jahren konnte man bei Gurlitt eine kleine Landschaft von Leibl sehen, sein Haus in Kutterling und dessen Umgebung (Crefeld, Museum). Hier sind Haus, Wiesen, die kaum belaubten Bäume und einige ferner schimmernde Dächer zu einem glücklichen, harmonischen Werke verschmolzen, das recht die Freude an der Landschaft und seine Empfindung für ihre Eigentümlichkeit erkennen läßt, so daß man bedauern mag, daß Leibl bei gelegentlichem Versuch stehen geblieben ist.

* * *

Bei einem so gewissenhaften Künstler, der sich selbst nie genug gethan hat, daher zu immer neuer Gestaltung seiner Arbeitsweise gelangte, konnte man mit der Möglichkeit rechnen, daß auch die Zukunft noch Überraschungen bringen würde. Man darf sagen, daß der Tod Leibls Entwickelung unterbrochen hat, gerade als die Arbeiten der letzten Jahre den Ausblick in eine Zeit reichen Erntens erschlossen.

Das letzte vollendete Bild von Leibl ist das schöne Frauenbildnis geworden (Abb. 60), das die Liebenswürdigkeit des Besitzers in letzter Stunde zu reproduzieren ermöglichte. Noch einmal treten die großen malerischen Eigenschaften des Künstlers sieghaft hervor und vereinigen sich ein Ganzes von großem Zauber zu schaffen. Er weiß die natürliche Anmut der Dame noch zu steigern, indem er das Kostüm mit größtem Geschmack malerisch behandelt, die reichen, farbigen Seidenaufschläge koloristisch zu der lebhaften Karnation stimmt; zugleich aber bringt er alles durch den gedämpften Ton des Hintergrundes, wo die Hauptformen eben nur angedeutet sind, zusammen, so daß nichts herausfällt und der Kopf mit den wunderbar belebten Augen die Dominante bleibt. Man darf fragen, welcher von unseren Malern der Mode feineren Takt in allen diesen Dingen bewiesen haben würde.

Danach hatte Leibl die Figur einer Bauernmagd begonnen und den Kopf und ein Stück der Figur in der Hauptsache fertig gemalt; während dieser Arbeit aber überfiel ihn Krankheit und zwang ihn, den Pinsel aus der Hand zu legen.

* * *

Wenn man verfolgt, wie sehr Malerei und Zeichnung um den Vorrang bei Leibl streiten, und wie er zu Zeiten den malerischen Stil, soweit es irgend möglich ist, zeichnerisch ausgestaltet, so kann es nicht Wunder nehmen, diese zwei Richtungen in den Zeichnungen Leibls greifbar klar zu Tage treten zu sehen.

Im allgemeinen ist zu bemerken, daß Leibls Zeichnungen nicht, oder nur in seltenen Fällen, Vorstufen für seine Gemälde sind. Wir besitzen wohl gemalte Studien und Untermalungen, die später ausgeführte Kompositionen in früheren Stadien kennen lehren; nur selten aber sind solche Vorarbeiten in irgend einer Zeichentechnik ausgeführt. Vielmehr sind seine Zeichnungen meist entweder malerisch gesehene, breit angelegte Niederschriften einer einzelnen Gestalt, eines landschaftlichen Motivs, wohl auch einer Gruppe; oder sie sind von vornherein als Zeichnungen beabsichtigt gewesen und bis zur höchsten Feinheit durchgeführt.

Für seine breit angelegten Entwürfe bedient sich der Künstler meist des Stiftes oder der schwarzen Kreide, gelegentlich des Rötels; seine Hand fährt kräftig über das Papier, legt höchstens die Hauptformen im Kontur an und sucht vorzüglich die malerische Wirkung, die sein Auge festzuhalten wünscht, herauszubringen. Daher ist gewöhnlich eine starke seitliche Belichtung angenommen, die Einzelheiten kräftig hervortreten läßt (Abb. 61 u. 62); die Schatten werden energisch herausgearbeitet. Der Gesamteindruck ist stets sehr farbig, wofür die „Schusterwerkstatt" mit dem voll einfallenden Licht ein besonders schönes Beispiel abgeben mag.

Wenn Leibl die Feder zur Hand nimmt, so beschäftigt vorzüglich die feine Durchführung der Formen sein Interesse. Schon frühzeitig versucht er sich hierin; das Bildnis des Malers Appoldt, das noch ausgesprochene Schwächen zeigt, gehört den sechziger Jahren an (Abb. 63). Die hervorragendsten Blätter

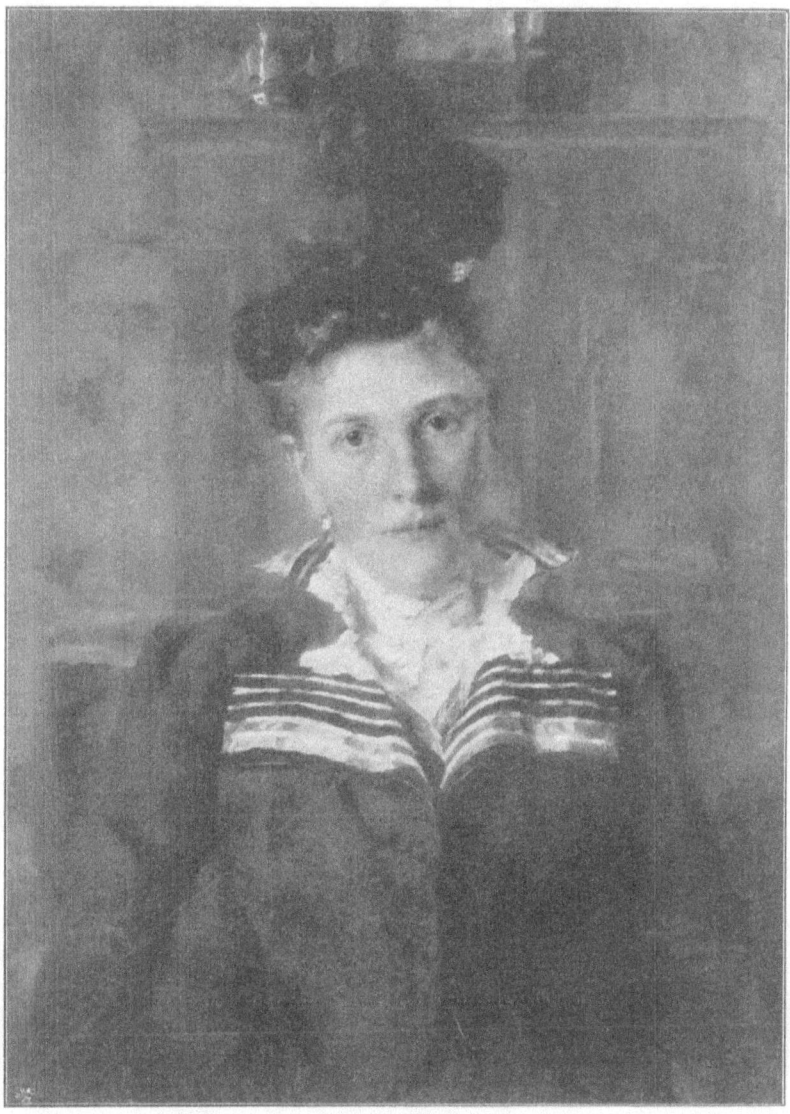

Abb. 60. Bildnis der Frau Roßner-Heine. 1900. (Zeitz. Besitzer: Herr H. Roßner.)

dieser Art entstanden zur gleichen Zeit, als der Künstler auch in seinen Gemälden die höchste Vollendung erzwingen wollte, d. h. in der zweiten Hälfte der siebziger Jahre. Die Zeichnung der stehenden Alten, die im Gebetbuch liest (Abb. 24, im Leipziger Museum), darf als künstlerische Leistung ohne weiteres neben seine besten Gemälde gestellt werden. Malerisch betrachtet sind alle Feinheiten der Übergänge, die Ab-

ſtufungen von Licht und Schatten hierin
enthalten; zeichneriſch hat er nie mit größerer
Sicherheit die Formen beherrſcht: und was
ſoll man vollends von der einfachen Wiedergabe des Charakteriſtiſchen ſagen? Nicht
weniger bewundernswert iſt die Arbeit bei
dem Blatt mit der alten Dame, die am
Tiſche ſitzt und ihren Gedanken nachhängt
(Abb. 64, Berlin, Privatbeſitz), mit den

den Nelken“ zu denken haben, wie hier die
treuſte aller gezeichneten Malereien in
Schwarz und Weiß wiedergegeben iſt. Die
übereinander gelegten Hände, die zugleich
mit der Zeichnung des Kopfes 1879 in
Kloſter Oberzell bei Würzburg entſtanden
(Abb. 4), zeigen nicht minder die glückliche Verbindung plaſtiſch empfundener und
maleriſch geſehener Arbeit.

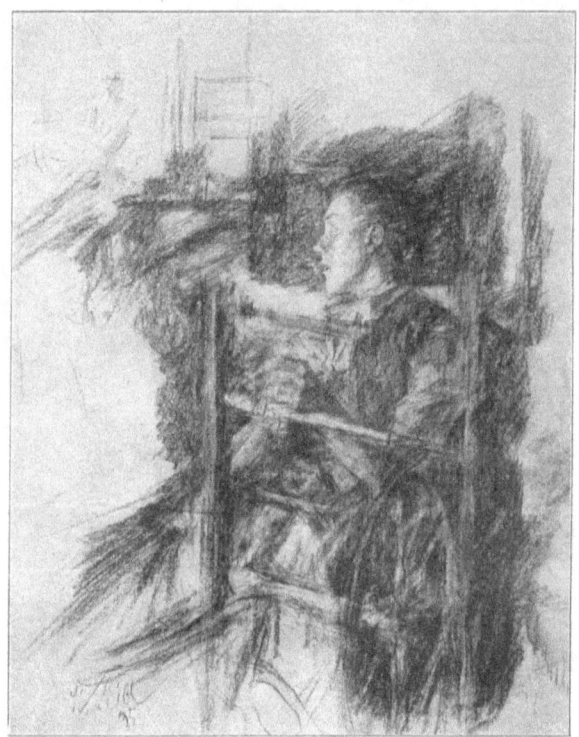

Abb. 61. Studie. Rötelzeichnung. 1895. (Privatbeſitz.)

wunderbar durchgeführten Händen; in der
gefurchten Stirn, dem ſo individuell belebten Munde und dem in ſich verſenkten
Blick iſt eine Lebensgeſchichte ausgedrückt.
Wollte man aber für den Kopf der greiſen
Mutter (Abb. 3), der ſo herb und ſo
gut zugleich erſcheint, ſo klar in den vielen
furchenden Linien feſtgehalten iſt, ſollte man
für ihn ein Kunſtwerk zum Vergleich heran-
ziehen, ſo würde man am eheſten wohl an
Gaillards Nachſchöpfung des „Mannes mit

Die Federzeichnungen der ſpäteren Zeit,
von denen das „Selbſtbildnis“ (Abb. 65) als
die innerlich wahrſte Wiedergabe der Züge des
Künſtlers beſonderes Intereſſe beanſprucht,
ſcheinen wieder die maleriſche Seite ſtärker
zu betonen, wie bei den beiden hier re-
produzierten Beiſpielen (Abb. 45) die ſtarke
ſeitliche Beleuchtung ſolche erforderlich zu
machen ſcheint. Entſprechend dieſer Abſicht
iſt die Durchführung nicht mehr ſo ſubtil,
wie bei jenen früheren Arbeiten: wie voll

Leben aber besonders der eigene Kopf, mit den beobachtenden Augen und der scharfen Konzentration der Aufmerksamkeit auf das Spiegelbild. Hier hat Leibl, weit über die banale Ähnlichkeit hinaus, die zu treffen Sache gewisser Handgeschicklichkeit ist, aber nicht Ausfluß geistiger Potenz, das Wesent-

besondere Anziehungskraft besitzt, in Paris kennen gelernt, wo in den sechziger Jahren alle diejenigen, für deren malerisches Können Leibl Interesse hatte, gelegentlich zur Radiernadel griffen. Schon deshalb, weil er, zusammen mit Peter Halm, wieder zu den ersten deutschen Malerradierern gehörte,

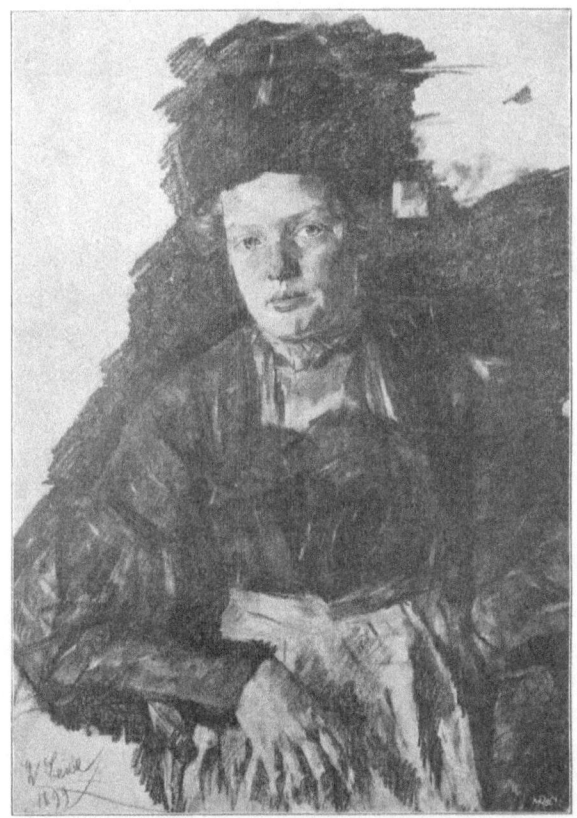

Abb. 62. Studie. Bleistiftzeichnung. 1899. (Privatbesitz.)

liche der eigenen Art für die Nachwelt herausgehoben.

Als Radierer hat Leibl ähnliche Eigenschaften, wie wenn er die Zeichenfeder führt. Ohne daß der Umfang seines radierten Werkes bedeutend ist, wird der Künstler doch auch hier stets eine besondere Stellung für sich in Anspruch nehmen dürfen. Er hatte die Technik, die gerade für Maler so

müßte man seiner in der Geschichte dieser künstlerischen Gattung gedenken, auch wenn die Arbeiten nicht so viel Eigenart besäßen. Die meisten Blätter, die Leibl radiert hat, sind anfangs der siebziger Jahre entstanden; einige tragen das Datum 1874; späterhin hat er, wie es scheint, diese Versuche ganz aufgegeben.

Es sind mir im ganzen neunzehn Ra-

dierungen Leibls bekannt, die hier kurz
aufgeführt sein mögen.*)

1) Bildnis des Malers Horstig. Den
Kopf bedeckt ein großer Schlapphut. Er
blickt, fast im Profil, scharf nach links. In
der (nur angelegten) linken Hand hält er
eine Pfeife. 191 × 231. Originalabdruck:
„L'Art", Band 47, Tafel zu S. 151.

3) Bildnis des Malers Wopfner, der
Kopf allein, von vorn gesehen, mit lachendem
Ausdruck. 90 × 114. Reproduziert bei
S. R. Köhler, Etching, S. 145.

4) Der „Trinker" (Bildnis eines Brauers
aus dem Augustinerbräu). Halbfigur bis
zu den Hüften. Er hält mit der rechten
Hand das Glas hoch und blickt lächelnd

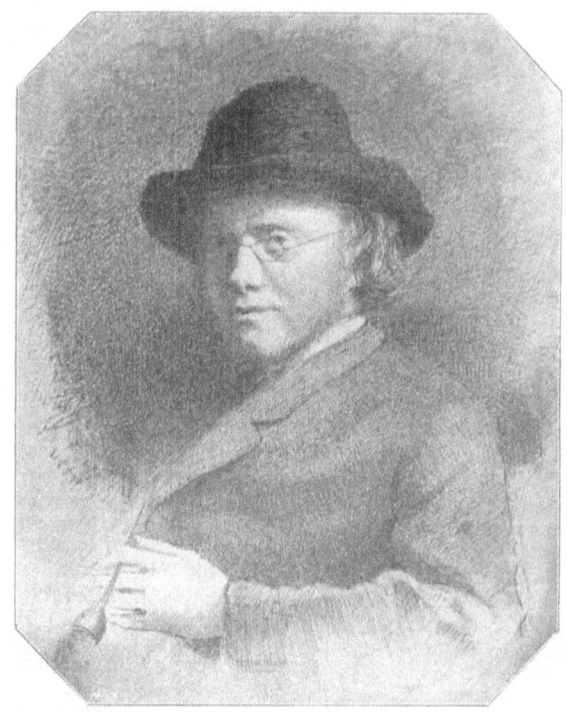

Abb. 63. Bildnis des Malers Appoldt. Federzeichnung. (Privatbesitz.)

2) Bildnis des Malers Sperl. Im
Profil nach links. Er raucht aus einer Thonpfeife und hält ein Glas in der Hand.
95 × 188. (Abb. 68.)

*) Anmerkung. Gute alte Abdrücke sind
selten; vor den modernen zeichnen sie sich durch
größere Durchsichtigkeit in den Schatten aus.
Eine vollständige Sammlung sämtlicher beschrie-
bener Blätter besitzt Kommerzienrat Seeger, sehr
schöne Drucke der meisten Professor P. Halm,
dem ich für einige Hinweise verpflichtet bin. Die
beigefügten Maße sind in Centimetern angegeben.

heraus. „W. Leibl 1874." 153 × 222.
Originalabdruck: „Vervielfältigende Kunst
der Gegenwart. Die Radierung." Tafel
zu S. 85; „Zeitschrift für bildende Kunst",
1895. Tafel zu S. 217.

5) Bildnis von Leibls Mutter. Halbfigur im Sessel sitzend, nach rechts, mit
über einander gelegten Händen. „W. Leibl
1874." 157 × 208. Originalabdruck:
„Pan", Band III.

6) Bildnis einer Dame, nach rechts gewendet, mit Federboa. Sie blickt mit seitlich

gestellten Augen auf den Beschauer. Geistvoll skizzenhaft behandeltes Blatt, einer der
ersten Versuche Leibls. 149 × 224.

7) Bildnis eines jungen Mädchens, im
Profil nach rechts; mit breitkrempigem Stroh-

9) Bäuerin, Halbfigur, lesend; im Profil
nach links. Die Platte ist sehr dunkel gehalten. „W. Leibl 1874." 118 × 160.
Ebenso.

10) Alter Bauer (Bäuerin?) schreitet nach

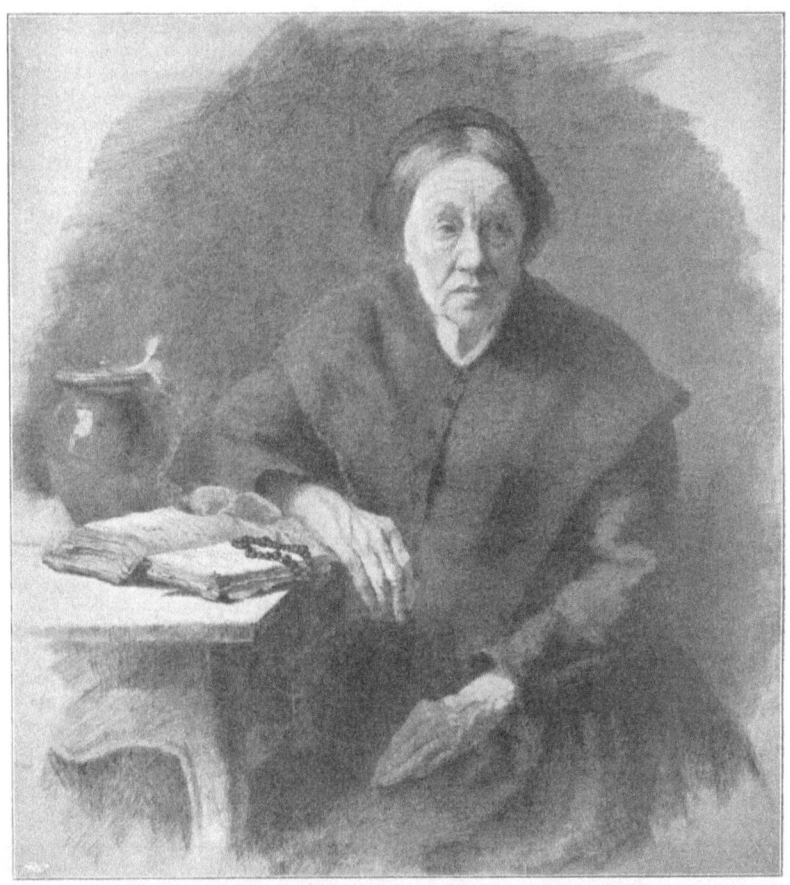

Abb. 64. Bildnis einer Tante Leibls. Federzeichnung. (Berlin. Besitzer: Kommerzienrat Seeger.)

hut. Wenig ausgeführtes Blatt. 93 × 113.
Die beiden letztgenannten Platten wurden
vom Künstler ausgeschliffen; daher sind
Abdrücke äußerst selten.

8) Kopf eines Knaben, von vorn gesehen, mit nachdenklichem Ausdruck. „Leibl
74." 70 × 85. Erschien in der Publi-
kation des Münchener Radiervereins.

links und stützt seine Hand auf einen Stecken.
119 × 150. (Abb. 66.)

11) Kopf einer alten Frau, im Profil
nach rechts, mit Hakennase. Das Haar
verdeckt ein schwarzes Kopftuch. „W. Leibl
1874." 67 × 95.

12) Kopf einer älteren Frau, im Profil
nach links, mit niedergeschlagenen Augen.

Sie trägt eine Haube. „W. Leibl 74." 71 × 90. Die beiden letztgenannten Radierungen, zwei getrennte Platten, wurden, galvanisch nachgebildet, zu einer Platte vereinigt. Abdruck dieses Zustandes bei S. R. Köhler, „American Art Review" I, Tafel zu S. 480.

13) Brustbild einer jungen Bäuerin, in karrierter Jacke, nach links gewendet. 124 × 151.

14) Kopf einer jungen Bäuerin, bis zur Schulter sichtbar. 78 × 59. Originalabdruck: „Die vervielfältigende Kunst der Gegenwart. Die Radierung." S. 92.

15) Halbfigur eines jungen Bauernburschen, der die linke Hand auf einen Krug legt. 102 × 150.

16) Ochsengespann. Im Hintergrund angedeutete Landschaft. 170 × 107.

17) Bauernhaus, auf das man zwischen Bäumen hindurch sieht. 157 × 99.

18) Landschaft. Ein Baum ragt hoch empor. Wiese und Gebüsch. Rechts eine Kuh. 161 × 230. (Abb. 67.)

19) Landschaft. Auf blumiger Wiese unter einem Weidenbaume lagern zwei Kinder. Im Hintergrunde Wiesenweg, Hügel und Bauernhaus. 178 × 240. Originalabdruck: „Die graphischen Künste." Band XVIII, S. 9.*)

In dieser Liste mag das eine oder andere Blatt, von dem mir kein Abdruck zu Gesicht gekommen ist, fehlen; wesentlich größer aber dürfte Leibls radiertes Werk kaum sein. Denn, wie schon erwähnt, hat er offenbar nur wenige Jahre lang sich mit solchen Versuchen beschäftigt, dann diese ganz liegen gelassen. Dies ist um so mehr zu bedauern, als er, bei ausgesprochenem Gefühl für die eigentümlichen Bedingungen der Technik, aufhörte, ehe er der Schwierigkeiten, die sie bietet, völlig Herr geworden war. Alle Radierungen Leibls nehmen eine kräftige und helle Beleuchtung an. Neben dem starken Licht steht tiefer Schatten. Es fehlt an den vermittelnden Partien. Offenbar benutzte der Künstler sehr feine Nadeln und wandte diese in seiner subtilen Weise an, indem er häufig ganz feine Pünktchen und

Häkchen brauchte, um Flächen zu unterbrechen oder um die Zeichnung von Blätterwerk, das gegen den Himmel gesehen wird, herauszubringen. Größere Flächen, etwa des Hintergrundes oder eines Kostüms, werden mit verschiedenen Querlagen von Strichen, ähnlich wie man es bei den durchgeführten Federzeichnungen beobachten kann, bedeckt. Wie es scheint, hat Leibl jedesmal in einem Zug eine ganze Platte fertig gemacht und sich mit einer einzigen Ätzung begnügt, dann einiges mit der kalten Nadel nachgearbeitet, obwohl bei genauerer Untersuchung diese doch stärker zur Anwendung gekommen zu sein scheint, als es S. R. Köhler annimmt.

Häufig sind die Schatten auf Leibls Radierungen zu schwer und gleichmäßig; sie entbehren der Durchsichtigkeit. Stellen, die nicht geglückt sind, finden sich hier und da. Die Landschaften, so schön sie angelegt sein mögen, lassen die Mängel am deutlichsten fühlbar werden. Die Abendstimmung, die dem Künstler vorschwebt, kommt trefflich zum Ausdruck in den klar gegen den Himmel sich abzeichnenden Bäumen (das zierliche Geästel, das reiche Laubwerk mit greifbarer Deutlichkeit wiedergegeben und so fein verstanden), aber die unteren Partieen sind in einem zu ebenmäßigen und dunkeln Ton gehalten, so daß z. B. die Gestalten kaum noch unterscheidbar sind.

Sieht man von solchen Einwürfen ab, die sich gegen die technische Seite allein richten, so wird man andererseits, vollends aber in Deutschland zur gleichen Zeit, nicht viel feinere und künstlerisch bedeutsamere Blätter finden. Die Qualitäten, die Leibl stets auszeichnen, sind auch in ihnen enthalten. Die Charakteristik der Köpfe und der Hände, die Bewegungsmotive, alles zeigt auf den ersten Blick seine unverkennbare Hand. Wie ist ein Auge gezeichnet mit den umgebenden Falten, welch einen Ausdruck verleiht ihm die eben angedeutete Belichtung! Nach größeren malerischen Wirkungen, die eine Radierung dekorativ wertvoll machen könnten, hat Leibl offenbar nie gestrebt.

Seine Radierungen sind wenig bekannt, weil sie zu klein, zu intim sind; im eigentlichsten Sinne Stücke für den Sammler, als Wandschmuck dagegen durchaus ungeeignet. Vielleicht wird eine spätere Zeit ihnen nicht geringeres Interesse zuwenden, als wir

---

*) Anmerkung. Die Nummern 10, 14, 16—19 wurden vor einigen Jahren, 3, 5, 15 kürzlich von der Kunsthandlung F. Gurlitt, der man die Erlaubnis einige Proben hier wiedergeben zu dürfen verdankt, herausgegeben.

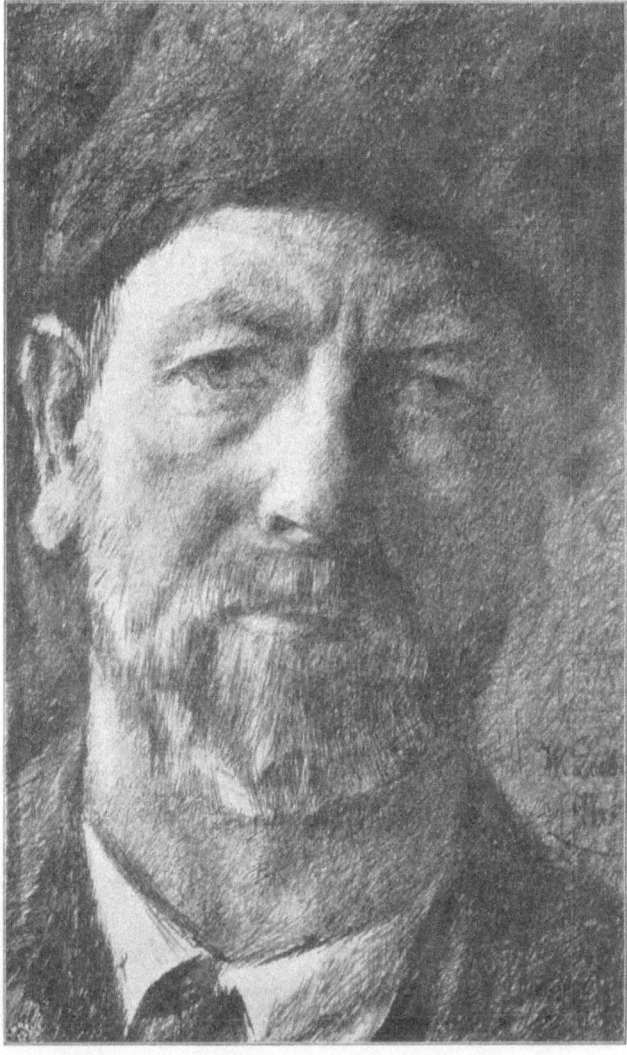

Abb. 65. Selbstbildnis. Federzeichnung. 1896. (Dresden. Richtersche Kunsthandlung.)

z. B. den minutiösen Blättchen Ostades, die allerdings technisch sie weit übertreffen. Von Kennern moderner Radierkunst werden sie schon heute sehr hoch bewertet, wofür die Zeugnisse von S. R. Köhler, des trefflichen, kürzlich verstorbenen Direktors der Kupferstichsammlung in Boston, und von Richard Graul hier angeführt sein mögen. Jener nennt Leibl (allerdings ohne Klinger, Stauffer und E. M. Geyger zu kennen; sein Buch „Etching" erschien 1885) „den bedeutendsten und interessantesten Radierer des modernen Deutschlands"; dieser bezeichnet einzelne von Leibls Arbeiten als „wahre Cimelien feinfinniger Radierkunst" und findet das, was er radiert hat, gehöre „zu den interessantesten Belegen seiner großen künstlerischen Kraft".

Dem Bild konsequenten Strebens, das in Leibls künstlerischer Existenz sich dar-

lichen Interesses. Jedermann denkt ein gewisses Anrecht an sie zu haben. Es wird immer mehr und mehr Brauch, sie in ihrer Intimität aufzusuchen, kleine Züge von ihnen mitzuteilen, das Große, das man in ihren Werken

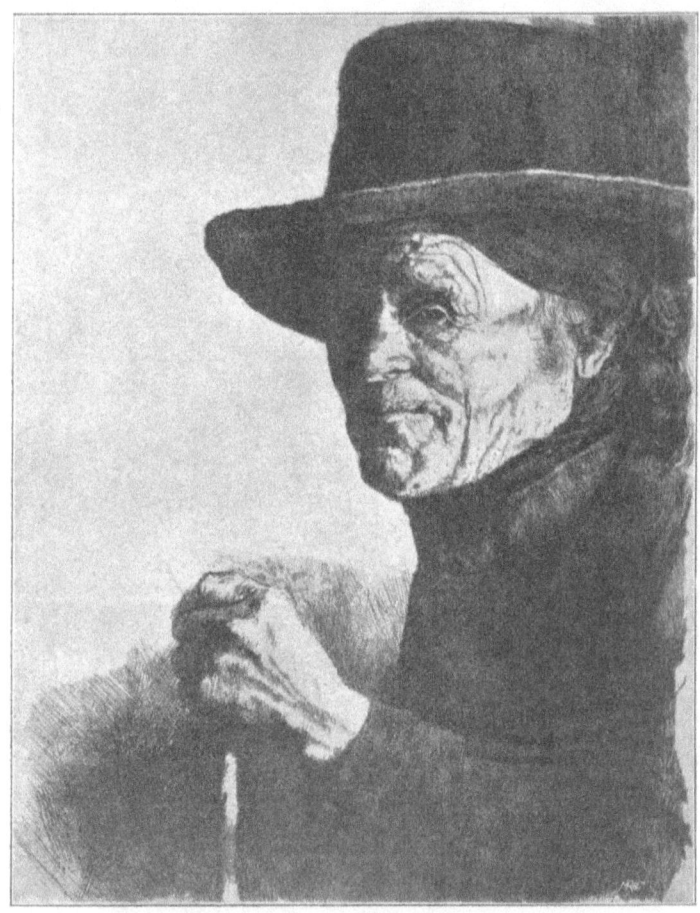

Abb. 66. Schreitender Bauer. Radierung.

thut, passen sich die gezeichneten und radierten Arbeiten natürlich an; sie fügen einige neue feine Linien hinzu, ohne an dem Gesamtbild etwas abzuändern.

*   *   *

Künstler sind in höherem Maße, als die Mehrzahl der Menschen, Gegenstand des öffent-

glaubt gefunden zu haben, anekdotisch zu umkränzen. Nicht wenige Künstler kommen diesem mehr von Neugier, als Kunstinteresse verursachten Verlangen freundlich entgegen.

Zu diesen darf man Leibl nicht rechnen. Der Mann, der sich freiwillig von dem Leben der Großstadt zurückzog in immer größere Einsamkeit, ist nur wenigen Menschen be-

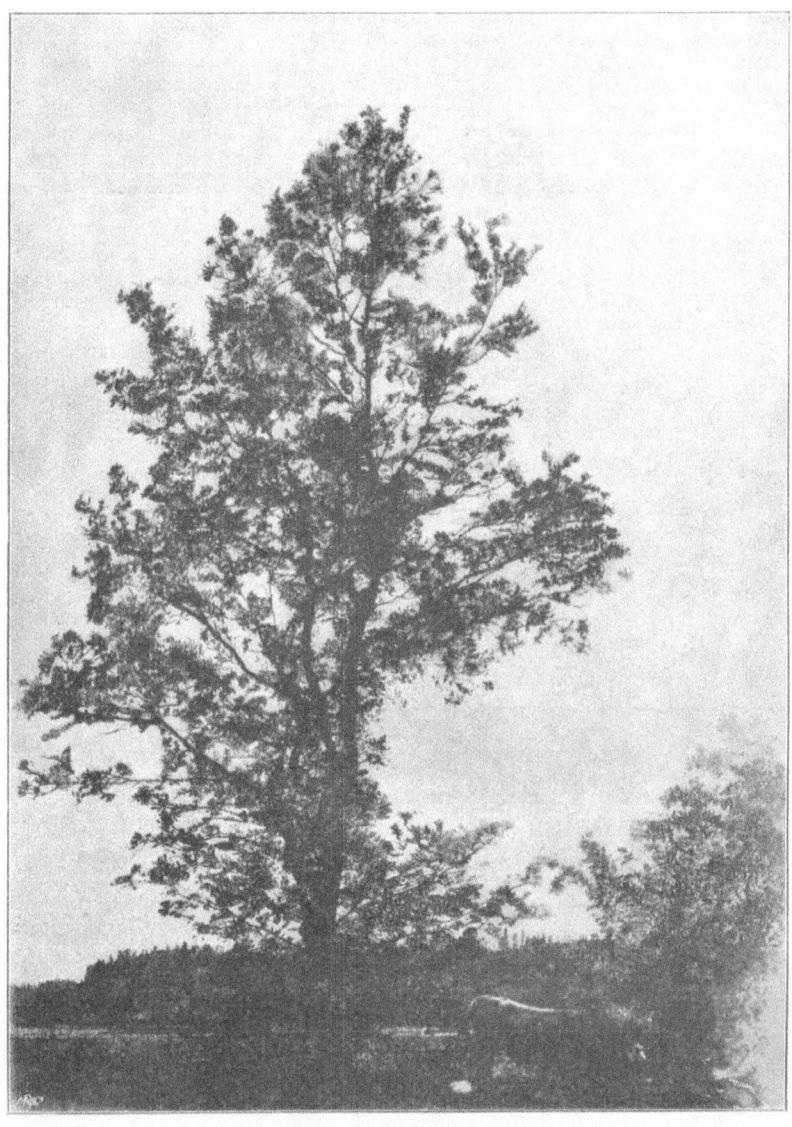

Abb. 67. Landschaft mit hohem Baum. Radierung.

kannt. Außer was er selbst hat an die
Öffentlichkeit bringen wollen — seine Werke
—, ist wenig von ihm mitgeteilt worden.
Er hat keine pointierten Aussprüche über
Kunst gethan, noch weniger sich öffentlich

über solche Fragen ausgesprochen. Auf Leibls
Werke allein konzentriert sich das Interessante;
die Person tritt hinter ihnen in die Ver-
borgenheit zurück.

Man würde aber eine Biographie eines

Zeitgenossen nicht für vollständig halten, wenn nicht auch von der Persönlichkeit mit einigen Worten die Rede ist. So mögen hier ein paar Bemerkungen ihre Stelle finden.*)

Von dem Eindruck seiner Erscheinung werden die Abbildungen (Abb. 1, 65, 69—71) den besten Begriff geben, vor allem die eigene Zeichnung, die den Charakter dieses Kopfes

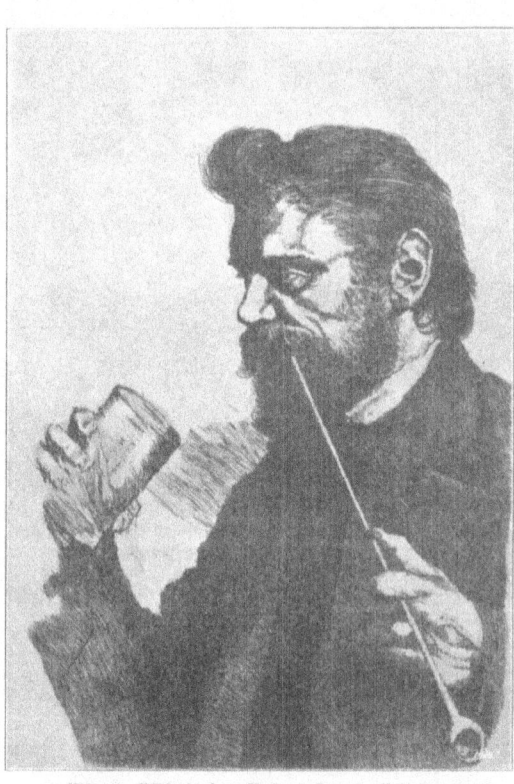

Abb. 68. Bildnis des Malers Sperl. Radierung.

unübertrefflich wiedergibt; dann auch die photographische Aufnahme, die ihn in ländlicher Tracht, im Begriff auf die Jagd zu gehen, unter den Bäumen, die sein Haus umgeben, dem Eingang seines Heims gegenüber, darstellt. Eine mittelgroße Gestalt, sehr gedrungen, mit mächtigem Nacken. Auch

in der Ruhe spürt man die gewaltige Kraft. Der Ausdruck des Gesichtes ist ernst und gemessen; schöne blaue Augen, etwas von den schräg laufenden Lidern verdeckt, — hierin gleicht der Kopf Leibls überraschend dem von Böcklin — beleben es freundlich. Man merkt dem ruhigen Blick dieser Augen an, wie sie gewohnt sind, fest auf einen Gegenstand zu blicken und ihm die Summe seines Inhalts zu entnehmen.

Das Leben für sich allein, mit der Natur und mit wortkargen Menschen, hat ihn, der wohl nie viel geredet hat, schweigsam gemacht. Was er spricht, ist klar und einfach. Seine Sprache verrät seine Herkunft: er spricht den reinen Kölner Dialekt.

Sein Leben ist ausschließlich der Arbeit gewidmet gewesen. Vom Morgen zum Abend, Wochen und Monate an der Staffelei zu verbringen, war ihm nicht Anstrengung, sondern Lebensbedürfnis. Als Gegengewicht brauchte er dann seine Lieblingsbeschäftigung: die Jagd; hier bewies er dieselbe Beharrlichkeit und Ausdauer. Oder aber wenn er fühlte, er bedurfte körperlicher Bethätigung, so ging er wohl zum Dorfschmied und schmiedete Hufeisen mit den Gesellen um die Wette. Nichts ist erstaunlicher, als die Vorstellung, daß die Hand, die so minutiös und zart Feder und Radiernadel führte, mit Vorliebe grobe Arbeit suchte.

Von dem, was er in der Kunst am höchsten hält, spricht der Schmuck seines Hauses, wie des Ateliers in Aibling. Hier und dort hängen die besten Photographien nach Frans Hals und Velazquez an den Wänden; und wenn von diesen Werken die Rede ist, dem Papstbildnis des Spaniers oder einem der Haarlemer Schützenstücke, dann mag wohl Leibl das gewohnte Schweigen

*) Einige interessante Geschichten aus Leibls Leben hat Julius Elias in seinem trefflichen Nachruf („Die Nation" vom 5. Dezember 1900) mitgeteilt.

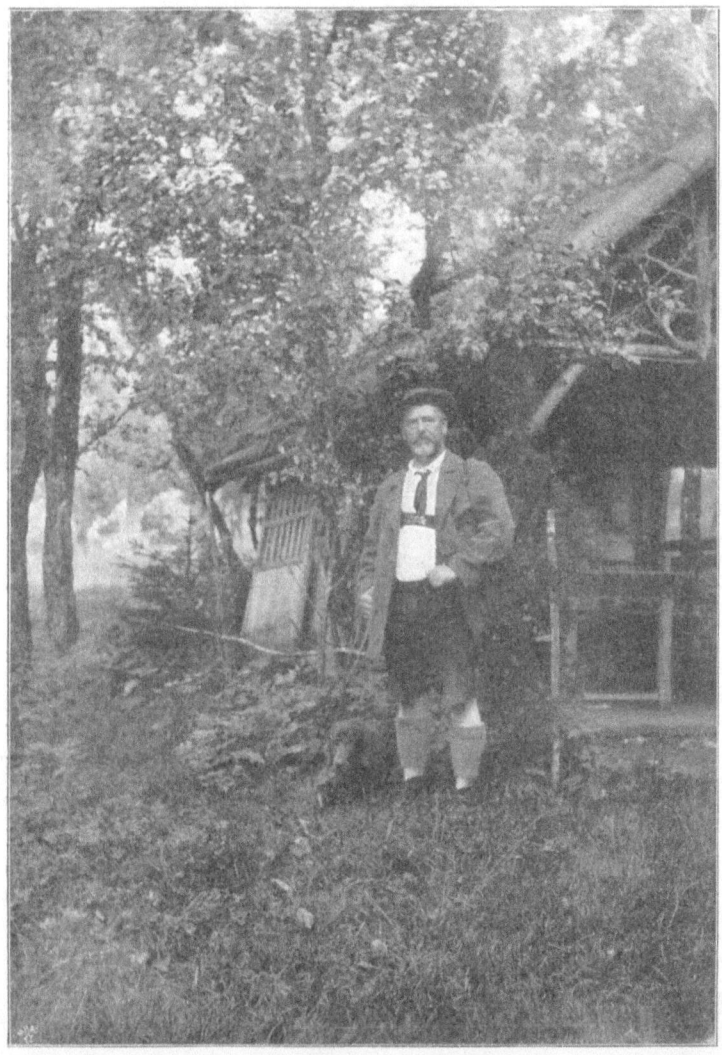

Abb. 69. Leibl in Kutterling. Nach Photographie.

unterbrechen und der großen Meisterschaft jener mit warmen Worten gerecht werden. Vor aller echten Kunst empfindet er einen heiligen Respekt.

Höher aber, als die Kunst, steht ihm die Natur, in der und mit der er seit vielen Jahren lebt. Nichts stört ihn in seiner einsamen Behausung: wie ein Einsiedler sich aus der Welt zurückzieht, um den Werken der Andacht zu leben, hat er sich fortgewandt, um ganz seiner Kunst und der Natur, in der sie allein ihren Ursprung hat, sich widmen zu können.

Kutterling, Leibls letzter Wohnort, in

dem er seit über zehn Jahren lebt, setzt sich
aus einigen Dorfhäusern zusammen. Die
Bevölkerung des Ortes zählt wenig mehr als
fünfzig Köpfe. Mitten in grünenden Wiesen,
die im Frühjahr wie ein Teppich mit Blumen
dicht bestanden sind, unter Bäumen liegt
das Haus: in geringer Entfernung, hier
und da aus dem Grün schauen die anderen
Häuser hervor. Über den weißen Wänden
läuft der Altan herum, mit blühenden Pflanzen
geschmückt; unter dem Dach haben sich Schwal-
ben angesiedelt. So behaglich, wie von
draußen, sieht Leibls Wohnhaus innen aus;
die Dielen und die Holzdecken sind gebräunt;
Holzbänke ziehen sich um die Wände; ein
großer Kachelofen springt weit vor: die alten
Schränke zeigen primitive Bemalung, so wie
sie Jahrhunderte währende Tradition über-
liefert haben mag. Durch die Fenster gewahrt man überall das helle Grün, Wiesen
und Obstbäume; dazwischen hindurch die
blauenden Linien der sich weitenden Landschaft.

Hier steigt der Boden lebhaft an zu dem
Gebirge empor. Um nach Kutterling zu
gelangen, muß man schon von der Land-
straße aus, durch Wiesen den Weg suchend,
bergan schreiten. Ein paar Schritte hinter
Leibls Hause aufwärts, zu einer freien Stelle,
und weithin überschaut man die Ebene, die
sich in undeutlicher Ferne verliert. Rück-
wärts aber steigt hinter den Feldern das
Gebirge rasch an, zuerst mit dichtem Baum-
gürtel umkleidet, dann kahle und schroffe
Zacken, deren Spitzen lange noch, wenn unten
längst alles grün ist, Schnee bedeckt. Weithin vermag der Blick dem vielbewegten Kontur der Bergkette zu folgen, die nach
Osten zu in schönem Bogen die Ebene ein-
grenzt. In dieser Verbindung von Gebirg
und Ebene, von großartiger Form und heiterer
farbiger Belebtheit blühender Natur, hat die
Landschaft, in der Leibl bis an sein Ende
wohnte, den größten Reiz.

Wenn der Winter gekommen ist, dann
belebt sich das stille Dorf. Es ist die Zeit,
in der die starken Burschen droben in den
Wäldern als Holzfäller arbeiten. Die ge-
fällten Bäume werden dem kleinen, aber
kraftvoll reißenden Bach, der Kutterling
durcheilt, anvertraut und schießen pfeilschnell
zum Thal ab. Oder auch die Stämme
werden zusammengebunden von Pferden durch
das Dorf gezogen herunter in die Ebene.
So erfüllt im Winter oft lebhafte Bewegung

das Dorf, das zur Sommerzeit, wenn die
Leute auf den Feldern und Wiesen arbeiten,
still ist. Abends kommen dann wohl die
Bauern zu Leibl herüber, machen es sich auf
den Holzbänken bequem und rauchen oder
spielen Karten: der Künstler sieht ihnen zu
oder horcht auf die alten Geschichten, die
sie immer wieder erzählen, von Wilderern
und Jägern, und auch von Messerstechen ist
die Rede, wenn fremde Knechte aus Nieder-
bayern, händelsüchtige Kerle, in der Gegend
sich verdungen haben.

Als einziger Genoß teilt Johann Sperl,
der Landschaftsmaler, das Leben des Freundes.
Einer denkt für den anderen und sorgt für
ihn: bei der Kunst des anderen geht jedem
das Herz auf. Leibl zu beobachten, wenn
Sperl seine Bilder und Studien zeigt, ihn
über diese Arbeiten reden zu hören, ist eine
wirkliche Freude. Trotzdem er jedes Stück
kennt, betrachtet er sie von neuem, als würden
sie ihm zum erstenmal gezeigt. Jede
Schönheit und Feinheit weiß er hervorzu-
heben und zu erläutern; seine Augen leuch-
ten vor Freude. Umgekehrt ist ihm Sperls
Rat all die Jahre hindurch, wo er für
sich lebte, von größtem Nutzen gewesen, da
er ihm fast allein seine Bilder in allen
Stadien der Entwickelung gezeigt hat. Und
Sperl hat immer zu sagen und zu raten
gewußt, und wenn vielleicht der Kleinmut
über Leibl kam, so durfte er den Freund
ermutigen und anspornen.

Am Samstag, auch zur Winterszeit, wenn
nicht der allzuhohe Schnee die Verbindung
abgeschnitten hat, begeben sich die beiden
herunter nach Aibling. Da sammelt sich in
der Gaststube des alten, trefflich gehaltenen
„Schuhbräu" die Elite des Ortes um den
runden Stammtisch; dort wird Karte gespielt
und von Neuigkeiten gesprochen. Das war
die allwöchentliche Erholung und Zerstreu-
ung, die regelmäßig wieder arbeitsreiche Tage
einleitete.

Entgegengesetzt zu vielen anderen Künstlern, in deren Leben von Auszeichnungen
und gesellschaftlichen Triumphen und dergleichen die Rede ist, bietet Leibls Lebens-
führung kaum andere Züge, als wir sie bei
einer Mehrzahl in einfachen Verhältnissen
Lebender finden. Er hat nie nach
Glanz gestrebt: eine Rolle zu spielen war
seiner Art zuwider. Berühmtheit in dem
Sinne, daß Erfüllung großer gesellschaft-

licher Pflichten mit ihr verbunden ist, wäre für seine starke Natur eine zu schwere Last gewesen. Ein Sohn des Volkes, hat er mit dem Volke gelebt, dessen Existenz seine Kunst malerisch festgehalten hat; über einfache Verhältnisse hinaus aber hat er nie sich erheben wollen.

* * *

Unter dem Eindruck der Nachricht von Leibls Tode werden die folgenden Schlußbetrachtungen niedergeschrieben. Am 4. De-

Die Antwort wird nur auf bedingte Richtigkeit Anspruch machen dürfen. Solange Erscheinungen uns zeitlich nahe stehen, kann eine von höherem historischem Standpunkt aus gefällte Beurteilung sich nicht einfinden. Vielmehr wird diese mehr oder minder nur den persönlichen Standpunkt des Urteilenden darstellen.

Eines mag vorweg festgestellt werden. Leibl war zwar nicht populär; sein Name hatte geringe Verbreitung und war zu vielen niemals gedrungen, die ungebildet nennen

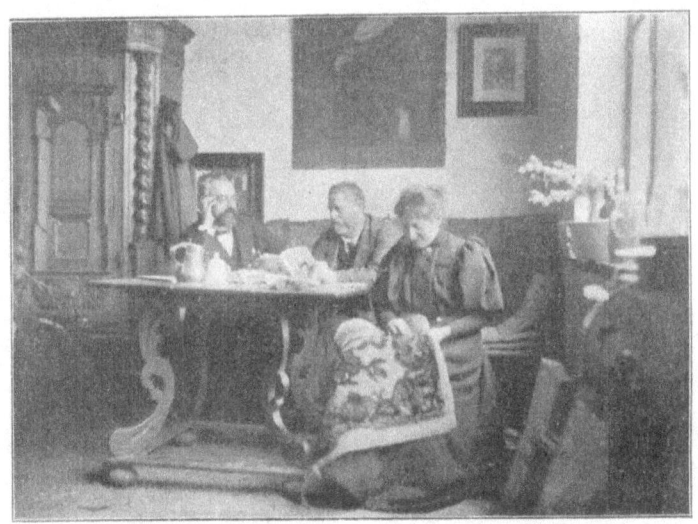

Abb. 70. Leibl im Atelier in Aibling. Nach Photographie.

zember 1900 ist Wilhelm Leibl in Würzburg, wohin er sich begeben hatte, um eine ärztliche Autorität zu befragen, im siebenundfünfzigsten Lebensjahr, an Herzlähmung verschieden. Am Freitag den 7. Dezember ist, was sterblich an ihm war, der Erde übergeben worden.

Wird am Abschluß jedes biographischen Versuches dem, der ihn unternommen hat, sich die Frage aufdrängen: was bedeutet diese Existenz in ihrer Summe und innerhalb der Gesamtheit der Erscheinungen? — um wieviel mehr ist diese Fragestellung berechtigt, wenn der Kreislauf eines Schaffens, das in seiner Entwickelung darzustellen unternommen worden war, eben vollendet ist.

würden, wer z. B. von Defregger nichts wüßte; aber unter den Künstlern war sein Ruhm über jeden Zweifel hinaus begründet als eines der größten Maler, den wir in Deutschland in der Gegenwart besaßen, ja jemals besessen haben. War er von der Gruppe der „Secessionen" besonders hoch verehrt — er war Ehrenmitglied der Berliner „Secession" — so hatten doch auch die in anderen Lagern gesammelten Künstler vor Leibls Können Bewunderung. Seine Stellung ist hierin nur der von Menzel und von Böcklin vergleichbar. Mag auch die Gunst des Volkes für den Künstler ein köstlich Ding sein, die Schätzung der Mitstrebenden, die allein im letzten Sinn die rechten Beurteiler sind, fällt schwerer ins Gewicht. Was das Volk jubelnd preist, wird so oft dem raschen Vergessen zur Beute.

Was war groß an Leibl? Die Antwort muß lauten: die Persönlichkeit und das durch sie bestimmte Können. In künstlerischen Dingen kann groß genannt werden, wessen Genius alle oder viele Gebiete umspannt, groß aber auch der, welcher die Grenzen, die ihm gezogen sind, erkennend, das durch sie abgesteckte Gebiet vollständig ausfüllt. Es ist ungerecht und thöricht, Leibl vorzuwerfen, daß er nicht, wie Böcklin, aus dem reichen Born lebendig sprudelnder Phantasie schöpfte, oder daß er nicht voll Esprit war, wie Liebermann. Wie er diesen beiden nicht dort gleichkommt, worin ihre besondere Begabung begründet liegt, so dürfen jene sich ihm auch wieder nicht in dem vergleichen, was Leibls Stärke ausmacht.

Die Einseitigkeit seiner Stoffe, die er bevorzugte, war nicht so groß, wie ihm oft vorgeworfen wird. Denn Leibl ist durchaus nicht nur Bauernmaler gewesen, wie oberflächlich gesagt wird: er hat Genrebilder gemalt, im Geschmack und mit der Feinheit eines Terborch, seine Porträts sind fast durchweg hervorragend, dem Landschaftlichen ging er nicht aus dem Weg und selbst ein „Stillleben" und ein Tierbild kommen gelegentlich in seinem Werk vor.[*] Leibls Einseitigkeit beruht auch viel weniger auf der Wahl der Stoffe, als auf seiner Art, die Natur zu sehen und wiederzugeben.

Er hatte vor der Natur eine unbegrenzte Ehrfurcht. Etwas ändern zu wollen fiel ihm nicht bei. „Stört doch auch manches in der Natur — nun so mag es auch im Bilde stören"; dieser sein Ausspruch wurde oben schon angeführt; er charakterisiert den Künstler und sein Werk. Gerade diese heilige Scheu vor dem, was sich sichtbar dem Auge darbietet, steckt dem deutschen Künstler tief im Blute. Zu allen Zeiten, in denen es in Deutschland Kunstübung gab, tritt sie hervor; die deutsche Kunst ist durch sie emporgeblüht. Nicht tadeln sollte man

diese Einseitigkeit, sondern sie preisen. Wohl uns, wenn uns ein Künstler wie Böcklin beschieden wird, der aus der Natur heraus eine eigene Welt seiner Phantasie schafft, die schöner und weiter und herrlicher ist, als die, welche wir kennen; aber kann diese Begabung eines einzelnen Gemeingut sein, wird sie nicht sogar, vorbildlich genommen, auf Irrwege führen, da sie von der Natur, dem Boden, aus dem allein die Wunderblume der Kunst erwachsen kann, fortlockt? Die Ehrfurcht Leibls vor der Realität, sein stetes Streben sie künstlerisch nachzuschaffen, können dagegen immer wieder anspornen, lehren; sie können vielen zur Aufrichtung dienen, wenn ihr Fuß auf rauhem Wege strauchelt.

Nicht aber die Treue in der Wiedergabe des Erschauten macht allein den Künstler; vielmehr die Eigenart des Sehens und die Fähigkeit dieser in dem Ringen nach Wahrheit das Recht unverkürzt zu bewahren. Je stärker dieses Persönliche ist, um so machtvollere Anziehungskraft wird das Kunstwerk, das es enthält, besitzen. Wenn Natur wiederzugeben ein so einfaches Ding ist, wie gern behauptet wird, warum frage ich, hat Deutschland, ja die ganze Welt nur einen einzigen Leibl aufzuweisen? Warum, sind unsere Ausstellungen nicht gefüllt mit Bildern, die sich den seinigen vergleichen können? Hier liegt das Geheimnis beschlossen dessen, was sich übertragen und mitteilen läßt. Die Art die Natur zu sehen, so stark, so getreu und so künstlerisch echt, war ihm allein eigen und er allein konnte bei immer erneuerter Arbeit die ihm gewordenen Eindrücke hergeben. Wenn daher nicht ein zweiter Künstler uns geschenkt wird mit der absolut gleichen Begabung, so darf man behaupten, wird das, was uns Leibl gab, nie wieder geschaffen werden. Die Natur aber, die nie zwei Erscheinungen in derselben Form prägt, wird sie eine große künstlerische Individualität zweimal gleich erzeugen?

Das Verhältnis, in dem Begabung und Streben zu einander stehen, entscheidet zum großen Teil über den Erfolg einer künstlerischen Laufbahn. Bei Leibl hat man von Anfang an das Bild einer Persönlichkeit, die, der Grenzen bewußt, die seiner Begabung gesteckt sind, diese bis zur höchsten Vollkommenheit durchbildet und bis zuletzt an ihrer Durchbildung fortarbeitet. Er hat nie auf

[*] Das Stillleben, Krebse und Früchte, findet sich erwähnt in einem Bericht über eine Ausstellung des Württembergischen Kunstvereins in Stuttgart (Kunstchronik vom 27. Dezember 1877). Ein Pferdebild war 1877 in München ausgestellt. Beide Bilder sind gegenwärtig nicht nachweisbar.

dem Erworbenen ausgeruht, sondern stets nach neuen Ausdrucksmitteln gerungen.

Die starre Eigenart seines Wesens hat ihn gehindert, fremden Beeinflussungen zu erliegen. Der Einfluß selbst Courbets, von dem viel die Rede ist, stellt sich bei genauerer Beobachtung als geringer heraus, wie man gewöhnlich annimmt. Ein französischer Kritiker, Georges Lafenestre, hat

Organes bedurft hätte, um die Natur sehen zu lernen: von wie vielen aber unter seinen Zeitgenossen darf man das Gleiche behaupten? Auch diese Fragestellung wird vielleicht Leibls einseitige Größe schätzen lehren. Wie ein Fels stand er fest, inmitten so vieler fremder Strömungen.

Mag aber über Leibls Begabung, wie hoch sie anzuschlagen sei, noch lange der

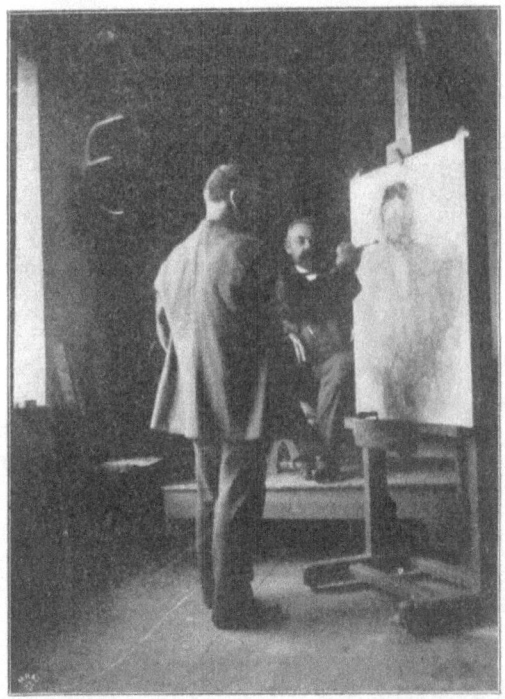

Abb. 71. Leibl bei der Arbeit. Nach Photographie.

ihn 1889 Künstlern wie Liebermann, Uhde, Kühl u. a. gegenüber „le moins francisé" genannt. In späterer Zeit ist Leibl vollends von fremder Art nicht berührt worden. Ein Anblick, der doppelt erfrischt, wenn man das kaleidoskopartige Bild sich vorstellt, das die Münchener Kunst gerade in den letzten zwei Jahrzehnten unter dem wechselnden Einfluß der Schotten, der Impressionisten, der Präraffaeliten u. s. w. dargeboten hat. Leibl hatte ein Paar zu klare und helle Augen im Kopfe, als daß er je fremden

Streit dauern: die Größe seines Könnens wird nie jemand ernstlich in Zweifel ziehen. Wenn man hört, wie er Bilder gemalt hat, indem er, bevor irgend etwas auf der Leinwand stand, an einer Stelle anfing (z. B. bei dem Auge einer Figur), diese mit allen Feinheiten vollendete, dann weiterging und so Stück für Stück sein Werk fertig machte, so wird das Außerordentliche einer solchen Leistung vielleicht nur von dem selber Schaffenden begriffen werden. Es gehörte dazu absolute Klarheit über das, was er

machen wollte; vor seinem geistigen Auge
mußte das entstehende Kunstwerk bereits
fertig dastehen und ein enormes Gedächtnis
ihn unterstützen, um nun jedes Stück richtig
herauszubringen. Leibl war der geborene
Maler, so wie er ganz selten vorkommt,
man darf ohne Übertreibung sagen: alle
paar Jahrhunderte einmal. In Deutschland
speziell hat es vielleicht seit Holbein keinen
gegeben mit solchen Maleraugen.

Das Können hat in Deutschland nicht
die Bewertung, die es verdient. Man glaubt
es — besonders im Publikum, das über
diese Fragen meist gar kein Urteil hat —
als etwas Mechanisches gering achten zu
dürfen. Bei den Franzosen ist in dieser
Rücksicht größere Bildung zu finden: daher
denn auch Leibl hier zuerst in seiner Bedeutung erkannt worden ist. Das Können
allein ist nun gewiß nicht in der Kunst
letztes Ziel; auf der anderen Seite ist es
aber ebenso sicher die notwendigste Vor-
bedingung. Was nützt die tiefste Innerlich-
keit der Empfindung, wenn die Hand versagt, wo diese in die Erscheinung treten
soll? In Deutschland gerade kommt so
viel herrliche Künstlerschaft nicht zur rechten
Entfaltung, weil es am Können gebricht.
Hier nun mag Leibl wieder als Vorbild
und Muster dienen, auch darin, wie er in
unablässigem Streben, sein Können immer
wieder zu vervollkommnen, nicht nachließ.
Er hat im eigentlichen Sinne des Wortes
keine Schüler gehabt, aber mit Recht sagt
Cornelius Gurlitt, der über Leibl viel Zu-
treffendes geschrieben hat, von ihm: „Alle
die Münchener, die in den achtziger Jahren
nicht ganz fest saßen in der Piloty-Schule
und viele auch in dieser, haben an Leibls
Art sich aufgerichtet." Wollte man alle
die Namen nennen derer, auf die das zu-
trifft, es würde eine lange Liste geben.
Leibl selbst hat geschrieben: „Ich wünschte
nur, daß sich das Streben nach Naturwahrheit und wahrer Künstlerschaft, das ich

für meine Bilder verwende, auf die nach-
folgende Generation verpflanzen möchte."

Die ästhetische Erziehung in Deutschland
ist leider einseitig litterarisch. Auf den
Schulen werden die in Lessings „Laokoon"
vertretenen Grundsätze erörtert, als hätten
sie noch heute allgemeine Gültigkeit und
wären nicht einseitig basiert allein auf die
Erfahrungen, die sich aus der antiken Kunst
— und auch aus dieser nur, insoweit man sie
im achtzehnten Jahrhundert kannte — gewinnen lassen. Mit litterarischen Vorstellungen treten die meisten an Werke bildender
Kunst heran; sie wollen naturgemäß sie von
diesen aus begreifen. Daher bleiben sie da
stehen, wo die Kunst erst anfängt — bei
dem Gegenständlichen. Interessiert es, gibt
es Veranlassung zu verschiedenen Deutungen,
so ist das Kunstwerk gut. Sind aber die
Gegenstände gleichgültig, solche, welche nach
dem Wort von Goethes Freund Heinrich
Meyer „an und für sich nichts Bedeuten-
des, Anziehendes oder Rührendes enthalten, welche uns in Ruhe und Unthätig-
keit lassen, wenn sie gleich darstellbar und
faßlich sind", so wird kein Interesse erweckt.
Unter dieser Unbildung seiner Landsleute hat
Leibl sein ganzes Leben zu leiden gehabt:
die obige Charakteristik trifft ja auf seine
Kunst Wort um Wort zu.

Nicht an ihm liegt es, daß seine Werke
der Allgemeinheit noch nicht das sind, was
sie ihr sein können, der Ausfluß einer hohen
malerischen Kraft, und Niederschlag einer
so starken, als eigenartigen Persönlichkeit.
Er war kein Poet: aber schon vor nunmehr
hundert Jahren schrieb Schadow: „Wer
Prosa im Busen hat, der rede solche." Darin
liegt der Irrtum, daß man von dem Künstler
anderes verlangt, als er geben kann.

Mit dem Wachsen des Verständnisses
für die Eigenart bildender Kunst wird auch
das allgemeine Urteil über den Naturalismus und malerisches Können sich ändern.
Dann wird für Leibl die Zeit gekommen sein.